ISBN 978-0-243-50652-1
PIBN 10685738

English
Français
Deutsche
Italiano
Español
Português

www.forgottenbooks.com

Mythology Photography **Fiction**
Fishing Christianity **Art** Cooking
Essays Buddhism Freemasonry
Medicine **Biology** Music **Ancient
Egypt** Evolution Carpentry Physics
Dance Geology **Mathematics** Fitness
Shakespeare **Folklore** Yoga Marketing
Confidence Immortality Biographies
Poetry **Psychology** Witchcraft
Electronics Chemistry History **Law**
Accounting **Philosophy** Anthropology
Alchemy Drama Quantum Mechanics
Atheism Sexual Health **Ancient History**
Entrepreneurship Languages Sport
Paleontology Needlework Islam
Metaphysics Investment Archaeology
Parenting Statistics Criminology
Motivational

blems

Denen Edlen/ Ehrnvesten/ Fürsichti=
gen vnd Hochweisen Herren/

HErrn Georg Vol=
ckhamer/ deß H. Röm. Reichs Schultheiß=
sen zu Nürnberg/ auch Pflegern deß Hospi=
tals zum Heiligen Geist;

Vnd

HErrn Endres im Hof/
deß Heiligen Reichs Vesten daselbsten Amptman/ rc.
Beyden deß Eltern Geheimen Raths vnd Losungern/
Gottes Gnade durch Christum zuvor:

Ale/ Ehrnveste/ Fürsichtige/
Hoch vnd Wolweise großgünstige ge=
bietende Herren: Es führen Sap 5. v.
14. die Gottlosen ein sehnliche lamen-
tation, vnnd vnauffhörliches Weheklagen/ wenn sie
)(ij   sprechen:

sprechen: Wir haben kein Zeichen der Tugendt beweiset/aber in vnser Boßheit sind wir vergangen.   Jnn welchen Worten sie fein dürr vnd rund den *curriculum* vnnd verlauff ihres Lebens außsagen vnnd bekennen/ Nemblichen/ daß sie aller Tugendt einen Boten geschicket/ vnd solche bey ihnen *exuliren* müssen : Jm gegentheil/ daß sie inn aller Boßheit/ Vntugendt vnd Stenckerey nicht anders wie */reverenter* zumelden/ ein Schwein im Kot sich gewelßet haben/ 2. Pet. 2. v. 22. Vnd das ist nun kein wunder nicht/ dañ wie man nach dem alten Sprichwort sagt/ 2. Sam. 24. v. 14. **Von gottlosen kompt Vñtugendt.** Damit man dem will anzeigen vnd zu verstehen geben/daß in den Gottlosen die Boßheit dermassen eingewurtzelt/ daß sie nichts anders können/ denn nur das ärgste begehen. Welches der Ertz Engel *Dan. 12. v. 10.* mit diesen Worten außgesprochen : Die Gottlosen werden gottloß Wesen führen.   Vnser *Salvator* aber endert etwas/sagend : Ein fauler Baum bringet arge Früchte. Ein fauler Baum kan nicht gute Früchte bringen. Vrsach/ Ein boßhafftiger Mensch bringet böses herfür auß dem bösen Schatz seines Hertzen/ *Matth. 7. v. 17. Luc.* 6 v. 45. Dieweil dann nun herrliche Arbeit herrlichen Lohn gibt *Sap. 3. v. 15.* So folget notwendig/ daß lose Arbeit auch losen Lohn überkompt/ daß die Gottlosen müssen zu schanden vnnd geschweiget werden inn der Hölle/ *Psal. 31. v. 18.* Das ists nun/ daß sie mit all zu
                                                                    spater

spater Rew deploriren / vnnd doch in ewigkeit nichts mögen impetriren. Dann wie der Heilige Cyrill. l. 3. in Joh. c 27. recht schreibet: Non est tunc misericordiæ opportunitas, nec erit tunc misericors, qui ad salutem nunc convocans omnes, immensa utitur misericordia. Das ist: Es gibt dorten kein gelegenheit zur Barmhertzigkeit / so wird er dann auch nicht barmhertzig seyn / der vnmässige Barmhertzigkeit an jetzo gebrauchet / in dem er Alle / Alle zur Seligkeit berufft vnd einladet. Vnd das werden klagen alle Gottlosen in ewigkeit / daß sie kein zeichen der Tugendt in jhrem Leben bewiesen / viel weniger ein Monumentum deroselben der lieben Posteritet hinderlassen. Wie nun jene klagen / also ist dieses bey vns zu beklagen / daß der GOtt / von welchem alle gute vnd vollkommene Gaben von oben herab kommen / vnd den Menschenkindern mitgetheilet werdē / Jac 1. v. 17. Daß solche Talenta von vielen eingegraben / oder im Schweißtuch behalten / Matth. 25. v. 25. Luc. 19. v. 20. Oder aber also angewendet werden / daß man dieselbige nur ad dies vitæ gebrauchet vnnd anleget / niemaln dahin laborirend / daß man nach dem zeitlichen Ableben der Posteritet was gutes vnnd nutzliches hinderlassen / vnnd in Schrifften leben möchte. Dann was hat vnser liebes Teutschland nur inn funfftzig Jahren her in allen Faculteten für vortreffliche / gewaltige vnd gelehrte Leut gehabt? Welche nutzliche vnd gute Arbeit haben sie hinderlassen? Der meiste theil ist dahin ge-

)(iij   storben

storben / vnd nicht einig *vestigium* seiner *Erudition* vnnd
Geschickligkeit hinderlassen / also daß man von dem
meisten theil mit Warheit sagen kan / was dorten *Chry-*
sost. hom 26. de Pentec. von der Kirchen Verfolgern
schreibet / wann man fraget: Wo ist dieser? Wo ist je-
ner? *Ꞃ.* Nomina sunt nuda, horum autem nemo, nec ulla
horum mentio. **Es** sind nur die blossen Namen vorhanden / dieser aber ist keiner mehr da / so wird derselben
auch selten / oder wol nimmermehr gedacht. Was
aber wol die Vrsach sey / warumb so wenig biß anhero
in Schrifften sich herfür gethan / sonderlichen solcher
die zur *Ædification,* vnd nit zur *Destruction* dienstlichen
Roman. 14. v. 19. Achte ich meinem wenigen verstand
nach / daß solches die Principal vnd Hauptorsach sey /
Res angusta domi, der geringe vnd wenige vorrath / welcher zu Publicirung solcher Schrifften / sonderlichen
grosser *Operum* will von nöthen seyn. Dann wo sind
die *Clienten* vnd *Evergeten?* Sie sind gestorben. Wo
sind die *Mecœnaten?* Sie sind spatzieren gangen / vnd
sich verirret. Wo sind die *Philomusi?* Sie sind vnter
dem süssen Gesang der Vögel entschlaffen / vnd wollen
nimmer auffwachen / *Sap. 17. v 18.* Demenach wann
zu Hauß *Parum,* vnd bey andern *Auxilium rarum,* muß
viel gute Arbeit dahinden bleiben / vnd die lieben Nach-
kommenen manches *Adminiculi* fraudiret vnd berau-
bet werden. Zu der kan noch eine *Concausa* gethan werden / Nemblichen *propria diffidentia,* das eygene Miß-
trawen.

trawen. Dann weil ihrer viel ihnen bewußt / daß sie
mit Simsons Kalb gepflüget / *Jud.14.v.18.* Vnd was
andere gearbeitet / in dero Arbeit getretten / vnd für ihre
Labores verkaufft haben *Joh.4. v. 38.* als tragen sie bil-
liche Beysorg / wann solche ihre Arbeit solte *publiciret*
werden / daß ihnen die Schäme von dem Angesicht
abgethan: Sie wie die Aesopische Psittich oder Dale
entblöset / vnnd zu schanden werden. Wann ich nun
Edle / Ehrnv. großgünstige Herrn / beydes ein gerau-
me zeit inn reiffe *Consideration* gezogen / hab ich durch
Gottes Gnaden dahin *allaborirt* / daß ich in meinem
von ihrer *Magnif.* mir vertrauten Kirchlein eine Garten Postill angefangen / da ich im ersten Jahr nach an-
laß jedes Evangelii bin *occupirt* gewesen *in eradicando,*
in außreutung der Dorn vnd Distel allerhand Vntugendt vnd Laster: Im andern Jahr *in plantando,* in
pflantzung wolriechendes Blumwercks schöner Gott-
wolgefälliger Tugenden: Im dritten Jahr *in illumi-*
nando, in lieblichen Gemälden / da ich die Summam
eines jeden Evangelii / auß etlichen *Locis Scripturæ* in einem *Emblemate* adumbrirt vnd abgebildet / hoffend / solches mit der zeit als ein heilig *Depositum* meiner wenig-
keit der lieben Posteritet zu hinderlassen. Aber in deme
ich mit solchen Gedancken vmbgehe / vnnd den über-
schlag mache / was solches Gartenwerck kosten vnd
gestehen würde: Finden sich viel meiner lieben Schäflein / welche mit eyferiger Begirligkeit gantz instãndig
anhalten

anhalten/ihnen ein weiln biß das gantze Gartenwerck verfertiget / nur die Gemäld vnd *Emblemata* als einen *Prodromum* durch den Truck zu communiciren vnnd mitzutheilen. Ich dacht was Paulus an *Philem. v.19.* schreibt: Daß ich nicht allein dieses/sondern auch mich selbsten ihnen schuldig erkenne: Name derowegen mein: *Concepta* für die Hand / vnd machte/wie zusehen/einen kurtzen Extract auß denselbigen/also daß Gelehrten vnd Vngelehrten die Summa einer seden Predigt kürtzlichen für die Augen gemalet wird. Solche meine liebe *Emblemata* aber / hab ich ihrer *Magnificentz* vnnd Hertzl. hierumben *dediciren,* vnd vnterthänigst *offeriren* wollen/einmal darumb/weil männiglichen/sonderlich aber den Gelehrten wol bewust / daß ihre Hertzl. nicht allein *Emblematum Amatores* vnd *Admiratores,* sondern auch deroselben gute *Inventores* seyn / welches dahero bescheinet / daß auß dero Gn. *Ordination* der schöne Saal deß Rathhauß allhie damit orniret vnd gezieret ist: Beneben auch ihre selbst eygene Wohnungen/Lustgärten / vnnd Sääle damit gläntzend vnnd funckend gemacht / daß seder / so solche sihet / ihme einen *Oedypum* wünschet / damit ihme deren deutliche Erklärung möchte mitgetheilet werden. Vnnd wer wolte nicht mit solchen *Emblematischen* Figürlein seine sonderbäre *delectation* haben / vnnd sich damit belustigen? Betrachtend/ daß Gottes Wort/ vnnd die Predigten vnsers *Salvatoris* nichts anders seyn/dann eytel *Emblemata,*

mata, darinnen er den Zustand seiner allhie streitenden vnd dorten triumphirenden Kirchen adumbrirt vnd entwirfft? Dahin beydes *Damasc. l. 4. Orthodox. Fid. c. 17.* Wie auch *Gregor. M. l. 9. Ep. 9.* ihren *Respect* nemen/ sagend: Quod legentibus scriptura: hoc Idiotis præstat pictura cernentibus. Quia in ipsa etiam ignorantes vident, quod sequi debeant in ipsa legunt, qui literas nesciunt, das ist: Was den Lesenden thut die Schrifft/ das thut den Jdioten das Gemäld/ dann darinnen sehen die vnwissenden/ wie vnd was sie folgen sollen/ vnd lesen darinnen/ die sonsten nimmermehr lesen können. Darnach ist solche Dedication auch hierumb geschehen/ dieweil ihrer Hertzl. Herrn im Hof/ seine Adeliche Christliche Haußzierd/ beneben dero Ehrntugentreichen Frawen Tochter Viatissin/ solche Predigten allesampt mit eyferiger Andacht fleissig besucht/ vnd mit Lydia darauff achtung gehabt/ was von mir vnwürdigen ist geredt worden/ *Actor. 16. v. 14.* Dannenhero sie nicht einige derselben ohne sonderbare ehehafft versaumet/ sondern mit sehnlichen verlangen auß dem *Psal 84.* gesungen/ *v. 2.* Wie lieblich sind deine Wohnungen HERR Zebaoth/ Meine Seele verlanget vnd sehnet sich nach den Vorhöfen deß HERRN/ Mein Leib vnd Seel frewet sich in dem lebendigen Gott. Die Principalvrsach aber dieser Dedication ist/ daß dieses *Emblema*tische geringe Wercklein vnter dem *Præsidio* ihrer Hertzligk. das Tagesliecht sehen möchte. Dann wie iene

)( )(

hatten

hatten ihre *Deos tutelares*, die sich ihrer annamen / vnnd vnter deren *Refugio* sie eine *Salva Quardia* haben möchten: Also sind ihre *Magnif.* von Gott vns auch zu *Diis tutelaribus* verordnet / *Psal.* 82. *v.* 6. daß sie vns schützen sollen / damit wir vnter ihnen ein geruhlich vnd stilles Leben führen mögen in aller Gottseligkeit vnd Erbarkeit / *I. Tim* 2. *V.* 2. Betrachtend / daß es mit Publication solcher vnd dergleichen Wercklein also bewandt / daß dem vergifften Hundszahn nicht entgehen kan / die fürsichtigste Demut / oder denselbigen außbrechen die lauterste Warheit / wie *August.* redet *præf. ml. 2. de Trin.* Sintemal wol waar / was *Erasmus* geschrieben: Qui scribit, multos sumit Judices, Wer schreibt / der macht ihme viel Richter vnd Vrtheiler. *Præf. in T. 2. Hier. de Cer. Pasch. f. 68. a.* Weil ich nun solches biß anhero erfahren / daß dises Wercklein / da es noch *in lumbris* gewesen / allbereit vielfältig angebeult worden: Als hab ich kein andere Rechnung machen können / dann daß es / wañ es nun das Tageliecht sehen werde / den Hundszahn erst würde erfahren / daß man die zähn über ihm zusammen beissen / vnnd alles übels von ihm außstossen wird / *Psal.* 37. *v.* 12. *& 112. v. 10.* Hab also auß noth mich nach großgünstigen *Tutelaren* vmbsehen / vnnd dero hülff wider *Momi latratum* anruffen müssen. Bitte demnach E. E. E. vnnd Hertzligk. in tiefster Demut vnnd Vnterthänigkeit / dieses Wercklein von mir nach ihrer angebornen / lang geführten / vnd von männiglichen

lichen commendirten Sanfftmuth in gutem an= vnnd
auffzunemen/ vnd mit beharzlichen Gunsten mir als
dem geringsten allhier wol zugethan seyn vnd bleiben.
Welche ich neben einem gantzen Edlen Rath allhier/
dem obersten Regenten /.vnd aller Königreich vnnd
Herzschafften Lehenherzen hiemit will anbefohlen ha=
ben: Bittend / daß derselbige sie allerseits regiere/
daß sie in allen ihren fürnemen seinem Wort folgen/
Tob: 4. v: 20. Er sende ihnen hülffe auß seinem Heylig=
thumb/ vnd stärcke sie auß Zion. Er gebe ihnen was
ihr Hertz begert/ vnd erfälle alle ihre Anschläge/ *Psal.*
20. v 3. Daß sie über dem Namen deß HERRN täg=
lich frölich seyn/ vnnd in seiner Gerechtigkeit herzlich/
Psal. 79. v: 17. Er sättige sie mit langem Leben / vnd
zeige ihnen sein Heyl/*Psal. 91. v.19.* Vnd wann der=
mal eins das irdische Hauß ihrer Hütten soll abge=
brochen werden/*2.Cor.5.v.1.* daß sie sich nicht förchten/
denn der HERR ist ihr Schildt vnd sehr grosser Lohn/
Gen.15.1. Der leyte sie nach seinem Rath/ vnd neme sie
endlich mit Ehren an/ *Psal. 73. v. 24.* Amen/ Amen/
Amen. Geben den 19. Decembr. Anno 1625. in
Nürnberg.

E.E. E. vnd Herzligk.

Vnterthänigster

M. JOH. MANNICH,
Diaconus zum H. Geist/ vnd
Prediger zu S. Walpurgen allhie.

Elitium SOPHIÆ, Mysteria condita pandens
NVMINIS æterni; nil triviale loquens.
Non Pythicos tripodes, non Delphica somnia jactas;
Ast EVANGELII dicta sacrata doces.
Per te Præconem divina & PVLPII A florent;
Vt multi discant, singula saxa moves.
Et quos emittis studiosâ indagine fœtus,
Mille tenent Charites, mille tenent Veneres!
Oggännire tibi turpis si ZOILE fas est,
Cur opus insigne hoc, docta Minerva probat?
Siste gradum MOME; ast tu contra audentior ito
Musarum SOBOLES, dulcis AMICE mihi,
Ecce tuum FOETVM binis amplectimur ulnis,
Cous APELLES quem floribus excoluit!
Perge modo, ut pergis, semperq; hâc tramite curre;
Non tuus hic frustra sudor & algor erit.

M. Daniel Schwenter/
Linguar. Oriental. Pro-
fessor apud Altorphinos.

Aliud.

CUra Tibi.eſt, dias Emblemata ferre ſub auras,
  Quæ vigili dudum parta labore Tibi.
Macte ſacro hoc ſtudio MANICH, ringatur ut A te!
Ne dubita, incaſſum nec malè cedet opus!

Chriſtophorus Girſnerus, Reip.
Nor. Primicerius.

ALIUD.

MANNICHII *doctis* Emblemata ſacra probantur.
  Rumperis invidia livida turba? Benè.
MANNICHII *multis* Emblemata ſacra probantur.
  Rumperis invidia livida turba? Benè.
MANNICHII *paucis* Emblemata ſacra probantur.
  Rumpitor invidia livida turba. Sat eſt.

PAULUS NIGRINUS.

ALIVD.

ARtis, crede mihi, eſt magnæ, magniq; laboris,
  Marte ſui cerebri fabricare Emblemata ſacra,
Quæ picturato gaudent ſermone figuris,
Qualis erat CHRISTI, quem ſcita Paræmia gratum
Efficere, & condire Parabola multa ſolebat;
Cur? ut quod Præcepta nequit per nuda teneri,
Plùs animis hoc per Proverbia perque Figuras   *Hieron. in 18.*
Infixum maneat, ſitque altâ mente repoſtum.   *Cap. Matth.*

  Hoc Imitatoragis CHRISTI ſermonis, amæni
Ingenii, MANNICHI, & linguæ Præco diſertæ.
In Te certavit cum curâ ſumma voluptas,
In Textus Evangelicos Emblemata ſacra,
E Cathedrâ, (nullis antehac tentata) fideli,

)( )(3   Sive

Sive dic Domini, Festâ seu luce, Cohorti
Illustrata sacris sermonibus explicuisse.
Scilicet exercent Emblemata mentis acumen,
Quale tibi quondam puero memini esse, Lycæo
In Sacro-Fontano, pueros cum jungeret unà
Nos Schola Disciplinæ. Hoc hactenus ergò perennat
In Te; vulgari nam tramite currere nescis.
Ut constet, Te non gaudere esse inter eos, qui
Inventis gaudent tantùm, non *Inveniendis*.

M. Melchior Rinder,
Minist. Eccles. Noriberg.
ad S. Sebald.

Aliud.

L*Audarem tua versu Emblemata culta,* Manichi,
Vendibili vino quando hederâ esset opus.
Sed res ipsa docet, quòd sint jucunda, simulq;
Sint pia, sint tersa, atq; ingeniosa simul.
Felix vive diu: ingenii monumentaq; plura
Ede tui, vivas post tua fata, dabunt.

test. affect. ergò
l. m. q. scrib. 11. Kl. Decemb. 1625.
Christoph. Hœflichius.

M. JOANN. MANICH.

ANAΓPAM.

In hoc mi Manna.

M*Anichii liber est sacer hic, quem spernere nolo;*
In hoc *Manna mihi, vita, salusque* Deus.

Aliud.

Aliud.

Teutonicis quæ funt, Emblemata fcripta libello,
   Metris, debentur MANICHII ftudio.
Quod ftudium, doctis ne cedat inutile, doctus
   Höflichius, mira fedulitate, cavet.
Hæc ergò Latins: Teuto legat ifta frequenter
   Pro voto inveniet heic quod utrumque juvet.

L. 'M. Q. F.

Hieronymus Ammon.

Vnversucht Mann
Nichts wissen kan.

Der Mann allhier Christum bedeut/
Von dem geredt ist vor der zeit/
Ier.31.v.22 Daß dz Weib werd den Man vmbgebn/
Vnd mit jhm gantz vertrewlich lebn.
Daß aber Barhaupt steht der Mann/
Solchs zeigt vns seine Armut an/
Mat 8.v.20 Daß jhm auff Erd nicht wurd gegunt/
Luc.9.v.58 Da er sein Haupt hinlegen kundt.
Die Schlang bedeutet Satanam/
Der sich gericht hat an den Mann/
Gen.3.v.15 Denselben in die Fersen gstochn/
Wielang zuvor die Schrifft hat gsprochn.
Die Wind die vmb jhn her thun saussn/
Bedeuten der gottlosen praussn:
Psa.64.v.4 & 109.v.2. Wann sie die Zungen haben gwetzt/
Vnd damit diesen Mann verletzt.
Der Regen zeigt an Gottes zorn/
Psa.88.v.8 Damit der Mann genetzt ist worn/
Der jhn gedruckt/ vnd gmacht so heiß/
Luc 22.v. 44. Daß er hat gschwitzt blutigen Schweiß.
Eph.6.v.17 Das Buch das er in Händen weist/
Ebr.4.v.12 Zeigt an das Schwerdt deß guten Geist/
Welchs nichts anders den Gottes Wort/
Damit sich gwehrt hat dieser Hort/
All seine Feind damit geschlagn/
Vnd ewig Ruhm davon getragn.

DOMINICA INVOCAVIT,
Evang. Matth. 4. y. 1.

EN, Satanas contra CHRISTUM *vafer arma capeſſit:*
   At gladio verbi vincitur ille ſacri.
Quò magè tentatur, fit eò quóq; certior, olim
   Quòd Satanam & Mundum vincat, ovetq; pius.

A   𝔇𝔢𝔲

Der Christen Händ
Mit weng content.

Jn dem Figürlein rund vnd klein/
Wird dir ein Tisch gezeiget fein/
Welcher mit speiß vnd tranck geziert/
Gottes Güt hierumb figurirt:

Pf. 23. v. 5. Der ein Tisch nach seim wolgefalln/
Bereitet seinen Christen alln:

Iob 36. v. 16 Ein Tisch/der voll alls guten ist/
Da gspeiset wird ein jeder Christ/
An Leib vnd Seel wird recreirt/

Pf. 1. v. 3.
Ier. 17. v. 8. Daß er gleich wie ein Baum florirt.
Das Hündlein zeigt dir an dem end/
Die so frembd von dem Testament/

Eph. 2. v. 12 Die Heyden/so ohn Christo warn/
Die hierzu bracht in diesen Jahrn.
Die haben nun mit Gott ein Fried/
Vnd zu dem Tisch einen Zutritt.

Tob 6. v. 1. Drumb wie das Hündlein liebt sein Herrn/
Vnd jhm servirt willig vnd gern/
Mit Brosamen zu frieden ist:
Solches thut auch ein jeder Christ.

1. Tim. 6. v. Vnd wann er Kleid vnd Naßrung hat/
So danckt er Gott/hat alles satt.

DOMI-

DOMINICA REMINISCERE,
Evang. Matth. 15. ℣. 21.

L*Autis non epulis inhiat, micas petit, atq̃,*
  Blanditur domino noſtra catella ſuo.
Sic homo, qui veri Chriſtjani nomine dignus,
  Paucis contentus vota, precesq̃ ferat.

Aij   Die

Die Bürden schwer/
Hilfft tragn der HERR.

DÉr Mann den du hie bildet sihst/
Zeigt klärlich was der Mensch doch ist/
Gen.3.v.19   Ein Erdenkloß der durch die Sünd/
Sap.2.v.24 Vom Teuffel verführt worden gschwind.
Der Sack den der Mann vornen trägt/
Pf.51.v.5. Zeigt an das Gwissen/das er hegt:
Bern.ep.42. Die Sünd er nicht verlaugnen kan/
Sein eygen Gwissen klagt ihn an.
Der Sünden Sack kein Loch hat nit/
Agg.1.v.6. Da dieselben werden verschütt/
Was drein wird glegt/bleibt drinn fürwar/
Vnd solts anstehn viel tausend Jahr.
Ferners allhie gezeiget wird
Pf.38.v.5. Ein Last/das ist der Sünden Bürd/
Wann du der Sünden sehr viel hast/
Die vnerträglich wie ein Last:
Pf.23.v.4. Den Stab ergreiff/ist Gottes Wort/
Das sey dein Stab vnd starcker Hort.
Also mit Jacob kanstu gahn/
Ge 31.v.10 Vber Kidron vnd den Jordan.
Efa.59.v.1 Sein Hand niemal zu kurtz ist wordn/
Er hilfft gwißlich an allen Ortn:
Pf.68.v 20 Ein Last er vns auff legen thut
Er/hebt vnd trägt:ist nichts dann gut.

IN FE-

IN FESTO MATTHIÆ,

EVANG, MATTH.II. ỷ.25.

N E *peccatorum pereat sub mole, juvatur*
    Ecce miser: Cœlis auxiliumǿ venit.
Nitere tu verbo, promissis crede JEHOVÆ:
    Sarcina sit fiet mox levis illa tibi.

Deß Herren Sieg
Stillt allen Krieg.

Vr Erden allhie ligt ein Mann/
Der niemand anders denn Satan/
Den Christ der Herr verwundet hat/

1.Sam.17.
v. 51.
Wie Goliath der David that.

1. Ioh.3. v. 8
Gantz nackend ligt er dißarmirt/
Hierdurch sein Christen securirt.

Apo. 20 v. 2
Gebunden ist die alte Schlang/
Daß er den Christen nit mach bang.
Ferner wird zeigt in der Figur/

Pf. 46. v. 10.
Ein Hand die helt die Armatur/
Daß deß Satans groß Macht vnd List/
Nunmehr durch Christum dämpffet ist/
Also daß er nunmehr veracht/

Col.2. v.15.
Auß Satan ein Triumph gemacht.
Der Knab hie mit dem Palmenzweig/
Der ist der Kirchen durchauß gleich;
Welche nun singt Alleluja/
Durch Christum ist Victoria:

1.Cor.15. v.
55.
Todt sag die Warheit vnd nicht keg/
Lieber sag an/wo ist dein Sieg?
Wo ist dein Stachel/zeig mir an?
Christus der grosse Wundermann
Hats alls verschlungen in dem Sieg/
Nun ist groß Fried/ligt aller Krieg.

DOMI-

DOMINICA OCVLI,
EVANG. LUCÆ II. ℣.14.

JO! Io! *victa mali Satanæ violentia, & arma!*
   Proſtratum miſerè vincula eumḁ tenent.
Gloria ſis CHRISTO, *pax per quem parta, quiesḁ:*
   Qui clarus victo Dæmone victor ovat.

Mens

Menschen Vernunfft
Nicht Christi Zunfft.

Das Weibsbild allhie vngestalt/
Deß Menschen sein Vernunfft abmahlt/
Der nichts nit weiß/auch nichts versteht
Wie es mit GOttes Sachen geht/
Es.42.v.18 Ist taub vnd blind/was man jhm sagt/
Es.56.v.10. Wie GOtt hierüber vielmal klagt.
Gar weit das Weib sperzt auff den Mund/
Ge 18. v.13 Damit sie anzeigt klar vnd rund/
Mar.5.v.39 Wie die Vernunfft in Gottes Sachn
2.Re.7.v.19 Nur lacht/vnd will ein gspött drauß machn.
Daß nun die Arm gebunden seyn/
Damit wird angezeiget sein/
Wo sich jrgend ein Mangel find/
Pr.19.v.24 Lest man die Hände fallen gschwind/
Eccl.4.v.5. Verzehrt das fleisch/grämt sich mit sorgn/
Will Gott vnd sein Wort nicht gehorchn.
Die Kett damit sie bunden ist/
Lehrt was soll thun ein jeder Christ:
Nemblich/daß er sich gar nicht schäm/
Vnd sein Vernunfft gefangen nem/
Vnter den Ghorsam Jesu Christ/
Der vnser Trost/Erhalter ist.

DOMI-

DOMINICA LÆTARE,
EVANG. JOH. 6. ℣. I.

HOMO CAPTAT NIL ANIMALIS

L. Cor. II. V. XIIII.

*Q*uid demtis oculis, obtusis auribus, ore
  Distento, vinctis, fœmina stans, manibus?
Nempe animalis homo quid spiritualia nescit.
  Longius hæc superant illius ingenium.

B   Die

Die Warheit gschwind
Alls überwind.

JN weissem Kleid hie steht ein Weib/
Die reinlich zieret jhren Leib.
Der Warheit ist das Weib ein Bild/
Die schön/lieblich vnd allzeit mild:
Kein falsch noch vntrew mag sie han/
Sie läst sich sehen Weib vnd Mann.

Esa.16.v.5.
Ps. 45.v.7. Ein grad Scepter hats in der Hand/
Welches dann auch hat sein verstand:
Nemblichen daß die Warheit gut/

Lev,19 v.15 Keine Person ansehen thut/
Deu.1 v.17
Ex.23.v.8. Sie lest sich auff kein seiten lenckn/
2.Chr.19.v. Vnd ob man jhr gleich viel wolt schenckn.
7. Vber dem Haupt sißt man ein Cron/
Dadurch bedeutet wird der Lohn/

Ebr.2.v.9. Den die Warheit bey allen Tagn/
Zur Außbeut hat davon getragn.
Die Zung so da ligt auff der Erd/

Ioh.18.v.38. Bedeut die vielfältigen Bschwerd/
So die Warheit außstehen muß/

1.Reg.22. Daß man jhr alls thut zum verdruß:
Gal.4.v.16. Ist feind dem/ so die Warheit sagt/
Auff mancherley weiß denselben plagt.

Aug. l.8. de Drumb wer derselben Buhl will seyn/
Trin.c.2. Der geb sich nur gedultig drein.

DOMI-

DOMINICA IVDICA,

EVANG. JOH. 8. ℣ 46.

A Lbo induta habitu Mulier, diademate digna,
    Fert sceptrum: & linguam despicit ante pedes.
Pol! propriâ VERVM laude & candore triumphat;
    Insidias lingua nil rabidáq́ facit.

Bij   Her⸗

Hernach vnd vor/
Bleibt zu diß Thor.

Mal. 4. v. 2

Die Sonn die steht am Himmel schon/
Bedeutet die ander Person/
In der vnzertrennten Gottheit/

Ebr. 1. v. 3. Der ist der Glantz der Herrligkeit/
Der alls erträgt mit seinem Wort/

Eph. 4. v. 10 Erfüllet alle end vnd ort.
Das Fenster mit der Scheiben fein/
Bedeutet die Mariam rein.
Dann wie die Sonn durchscheint das Glaß/

Ezech. 44.
v. 2.
Vnd doch nimmer verseßret das.
So hat die Sonn der Grechtigkeit/

Gal. 4. v. 4. Da nun erfüllet ward die zeit/

Ioh. 1. v. 14 Sich in Maria Leib gethon/
Vnd da verricht die Vnion/
Daß Gott ein waarer Mensch geborn/
Von der Jungfrawen außerkorn.
Das bedeut mit dem Fleisch der Knab/
Daß Gottes Wort vom Himmel rab/
Genommen an sich Fleisch vnd Blut/

Ebr. 2. v. 14 Gleich wie die andern Kinder gut:
Daß er so Fleisch durch Fleisch erwürb/
Vnd sein Geschöpff nicht gar verdürb.

IN FE-

IN FESTO ANNVNCIATIO-
NIS MARIÆ, Evang.
Lucæ 1.ỹ.26.

Ut vitreos radiis penetrat Sol aureus orbes,
 Quos numquam violant fervida tela tamen:
Sic DEVS ex verâ, (salvo remanente pudore
 Ante & post partum) virgine natus homo.

Nur mit bedacht/
Diß Werck vollbracht.

DEr Mann den du hie kniend sihst/
Ein Figur eines Christen ist/
Der bey dem Tisch deß HERREN rein/
Ein angenemer Gast will seyn.

Es. 45. v. 23.
Eph. 3. v. 14
Mit andacht soll er sich her fügn/
Vnd sein Gott sein Knie offtmal biegn/
Wie Daniel der fromme Mann/

Dan. 6. v. 10
Deß Tags auch dreymal hat gethan.

Prov. 23 v 2
Das Messer auß der Wolcken geht/
Eins Christen würdigkeit versteht/

1. Cor. 11. v.
28.
Daß wer sich zu dem Tisch will machn/
Soll achtung haben auff sein sachn/
Daß er nicht geh jhm zum Gericht/
Wie dann den vnwürdigen gschicht.
Auff der Erd steht ein Schüssel schon/
Die zeigt vns an die Lotion/
Daß wer zu diesem Tisch will gehn/

Esa. 6. v. 10.
Sich reinig vnd erschein gantz schön.
Auß der Wolck geht herfür ein Tuch/
Die hellt zwo Schüssel in der fug/
Zeigt an daß in dem Sacrament/
Nicht nur seyn blosse Element/
Sondern deß HERREN Blut vnd Leib/
So gnossen wird von Mann vnd Weib.

DOMINICA PALMARVM,
TEXTUS I. COR. II. ℣. 23.

FLexis vota ferens genibus vir, denotat hunc, qui
Hospes adesse sacrâ dignus in æde cupit.
Ensis cur jugulum tangit ? benè ponderet ut rem.
Impio enim mors est cæna ea, vita pio.

Deß

Deß Friedens Füß/
Lieblich vnd süß.

ZWeen bloß Füß sihst du allhie stahn/
Die das Predigampt zeigen an/
Daß die Diener all in gemein/
Sollen zusammen setzen fein/
Sie sollen nicht seyn kleine Kind/
Die sich lan wegen jeden Wind.
Der ein Fuß den du allhie sihst/
Mit eim Oelzweig vmbwunden ist/
Der Fried wird hierdurch angedeut/
Den sie predigen allezeit.
In eim Berg steht der eine Fuß/
Welches dir diß anzeigen muß/
Daß die so dich den Frieden lehrn/
Im Fried von dir sich sollen nehrn.
Vrsach zeigen die Balcken an/
Daß sie viel muß müssen außstahn/
Für jhre Schäflein sorgn vnd wachn/
Ohn was sonst gschicht in vielen sachn/
Welches man wol bedencken soll/
Vnd jhnen lohnen recht vnd wol.

Esa.52.v.7.

Nah.1.v.15
Luc.10.v.10

Eph.4.v.14

Gen.8.v.11
Os.14.v.7.

1.Cor.9.v.
14.

2.Cor 11.
v.28
Ex.18.v.16

INDIE

IN DIE VIRIDIVM,
Evang. Joh. 13. y. 1.

Ambo pedes signant pacem, tignig, labores,
    Paſtorum incumbunt qui ſine fine humeris.
Pro grege qui vigilant Domini, venerare miniſtros
    Dando illis largâ munera larga manu.

C   Getilgt

Getilgt Handschrifft/
Deß Todtes Gifft.

AM Creutz ein Handschrifft hängt allhier/
Damit wird abgebildet dir

Rom.8.v.12
Luc.7.v.41.
Die Schuld/damit wir in gemein/
Dem Schöpffer all verbunden seyn:
Zwey Sigill hängen hie dabey/
Die vns all überzeugen frey.

Pf.89.v.9.
Esa.42.v.3.
Das ein Sigill die Warheit ist/
Das ander Sigill das du sihst/
Das wird gnannt die Gerechtigkeit/

Esa.11.v.5.
Damit sich Gott vmbgürt allzeit.
Der Pentzel so die Schrifft durchstreicht/
Vnser Versöhnung vns anzeigt/

Col.2.v.14
Daß CHRISTVS JESVS Gottes Soßn/
Dieselbig auß dem mittel thon/
Ans Creutz gehefft/den Todt verhönt/

Ef.43.v.25.
Vnd hierdurch gäntzlich außgesöhnt/

Rom.8.v.1.
Daß nunmehr nichts verdamlichs ist
An denen/die an JESV CHRIST.

IN DIE

FERIA SECVNDA PASCHÆ,
EVANG. LUCÆ 24. ℣.13.

L Ex necas, at tritum cor sanat læta beantis
  Vox Evangelii. pænituisse juvat.
Peccasti? Lacruma; veniam pete; corrige vitam:
  Adcendent cordis cælica flabra facem.

Von

Von Gott allein/
All Hülff muß seyn.

EIn Hertz verwundt hie sihet man/
Das zeigt den gfallnen Menschen an/
Deß gantzes Hertz durchauß ist matt/
Esa 1. v.5.   Viel Kümmernuß im Hertzen hat.
Pſ. 44. v. 19.
2. Sam. 22.   Das Hertz mit Stricken bunden ist/
v.5.   Der Höllisch Wurm es nagt vnd frist/
Pſal. 18. v. 5.   Vnd thut das Hertz damit nur plagn/
Daß es an CHRISTO soll verzagn.
Vom Himmel kompt ein Messer gut/
Welchs diese Strick abschneiden thut/
Das ist die Absolution/
Welch auff Erd glassen GOTTES Sohn/
Matth. 18.   Daß diß soll gelten in gemein/
v. 18.   Was hie werd glöst/dort loß soll seyn.
Luc. 24 v.   Wem hie vergeben seyn die Sünd/
47.   Bey GOTT vnd CHRISTO Gnad auch find.
2. Cor. 2. v.
10.

DOMI-

DOMINICA MISERICORDIAS,
EVANG. JOH. 10. ỳ. 11.

SIC LIBEROR OMNI MALO

Esai. XLIX. v. XVI.

E *Cce ovis insistit libro: quam protegit ejus,*
    In cruce delevit qui mala nostra, manus.
Sacra frequens legito: patiens sis: proximo opem fers
    Sic te servabit CHRISTUS *ab interitu.*

Dii   Nach

Nach Regen schwer
Die Sonn kompt her.

Ist In Hertz halb in die Erd gegrabn/
Wir in dem Gmäl zu sehen habn/
Zeigt/ daß wir Menschen in gemein/

Phil.3.v.19. Allzeit nur irdisch gsinnet seyn/

Col.3.v.2. Das Himlisch theils gar wenig achtn/
Vnd nur nach dem das irdisch trachtn.
Ferner wird zeiget in der Schrifft/
Ein Regen der das halb Hertz trifft/
Dardurch vns denn wird angedeut/
Das Creutz vnd Widerwertigkeit/
Das Hertz verzehrt/ nimpt allen Muth/

Prov.26.v.1 Wie der Regen der Ernde thut.
Die Sonne das halb Hertz scheint an/
Zeigt/ daß Gott auch abwechßlen kan/

Tob.3.v.22. Nach grossem Vngewitter den seinen
Die Sonne lassen wider scheinen/
Vnd viel aufgstanden Creutz vnd Leyd
Verwandeln kan in eytel Frewd.

DOMI-

DOMINICA IVBILATE,

EVANG. JOH. 16. V.16.

POST TRISTIA LÆTA VICISSIM

Tob. III. V. xxII.

N*On pluvia semper; Phœbus quandog, refulget,*
Tunc caput extollunt, quæ cecidere prius.
Sic submersus homo cruce, dum fax gratia ab alto
Hunc reficit, subitò gaudia mille capis.

D iij   Deß

Deß Geists Straffampt
Trifft allesampt/

JN runde Kugel steht allhier/
Dadurch wird abgebildet dir
Die Welt/die wie ein Kugel rund/
Geht stetig vnd besteht kein Stund.
Bey dieser Kugel steht ein Pferd/
Zwey Augen ligen auff der Erd/
Ein Gwand das auch zu sehen ist/
Diß alles lehrt dich lieber Christ:
Daß alles was da in der Welt
Das dem sündlichen Fleisch gefellt/
Augenlust/Hoffart vnd Vnzucht/
Zu hauff das alles sey verflucht.
Weils alles kompt vom Teuffel her/
Vnd nicht ein vrsach Gott der HERR.
Ein Hand geht auß der Wolck herfür/
Welche ein Peitschen zeiget dir/
Die zeugt deß Geistes sein Straffampt/
Die niemand schont/trifft allesampt/
Gleich wie CHRISTVS im Tempel than/
Der kein Person gesehen an.

Mundus q.
motus, quia
in perpetuo
motu.
Ier.5.v.8.
Iob.14.v.15
Luc.16.v.19

1.Ie.2.v.16.

Ioh.2.v.15.

DOMI-

DOMINICA QVASIMODO-
GENITI, Evang. Joh. 20. ℣ 19.

PLenum vulneribus cor vincla tenentia dextra
  Dissecut è cœlis: liberat idq́ metu.
Te delicta premunt? ad CHRISTUM confuge, restim
  Incidet. credas, liber ertsq̇ statim.

D   Die

Die Schäflein mein
Einzeichnet seyn.

Pſal.8.v.2. Ein Schäflein ſteht in der Figur/
Das zeigt ein Chriſten rein vnd pur/
Der wie ein Schaf ſoll fruchtbar ſeyn/
Sich allzeit ſauber halten rein/
Eſ.58.v.7. Sich annemen der gmeinen Not/
Matth.25.v
36. Dem hungringen brechen das Brodt/
Mit Kleidern die armen begabn/
Deß wird er groſſen Lohn dort habn.
Das Schäflein ſteht auff einem Buch/
Das ſoll vns Chriſten machen klug/
Ioh.10.v.16. Daß wir kein andre Stimm nicht hörn/
Denn was vns Gottes Wort thut lehrn:
Rom.1.v.16 Ein Krafft Gottes iſt Chriſti Wort/
Ioh.5.v.39. Das ſelig machet hie vnd dort.
Ein Hand gezeichnet mit ein Creutz/
Pſ.89.v.22. Bedeut Gottes Hülff allerſeits/
Damit er ſchützt vnd ſchirmt allein/
All Auſſerwehlte Schäflein ſein/
Eſa.9.v.6. Vnd weil er iſt der ewig Rath/
Eph.2.v.16 Durchs Creutz alles verſöhnet hat.

IN DIE PARASCEVES,
TEXTUS COL. 2, ℣. 14.

Syngrapha sit duplici quamvis munita sigillo,
  In cruce per CHRISTUM *est facta litura tamen.*
Æterna mortis reus, absolvor: quia lytron
  Pro me morte suâ solvit HOMO- *ille-* DEUS.

C ij   Zum

Zum Todtes Grab/
Die Schlüſſl ich hab.

Ein Grabſtein hie gezeiget wird/
Dardurch vns diß præfigurirt:
Daß nach ablegung dieſer Hüttn/
Wenn wir hienit gfahr viel geſtrittn/
Endlichen müſſen doch hinauß/
Mit andern in das Todtenhauß.
Die Vrſach vns die Tafel zeigt/
Daß wer vom Geſetz deß Herren weicht/
Nicht thut was darinn ordinirt/
Mit einem Stein wird onerirt.
Auß der Wolcken ein Hand geht vor/
Welche den Schlüſſel hat zum Thor/
Der Davids Sohn gegeben iſt/
Das iſt der Heyland Jesvs Christ/
Der iſt der ſtarck gewaltig Mann/
Der vnſer Gräber will aufftßan/
Vns führen in die ewig Frewd/
Daß wir bey ihm ſeyn alle zeit.

2.Pet.1.v. 14.

Iob.7.v.1.

Iob 30.v.23.

Aug. Tract. 49.in Ioh.

Apoc.1.v.18
Eſa 22.v.22

Ezech. 37. v.22.

Ioh.17.v.24

INFE-

IN FESTO PASCHÆ,
Evang. Marci 16. ꝟ.1.

MORS! HEM SIGNA TRIVMPHI! UBI

Apoc. I. ꝟ. XVIII.

SIc est. *Mortales omnes moriamur oportet.*
Ad quod nos damnat lex metuenda DEI.
Quid tum? Morte suâ portas mortis reseravit
CHRISTUS. *Nunc cæli Ianua aperta piis.*

C iij   Gotts

GOtts Wort gar gschwind/
Das Hertz entzündt.

JN der Figur ein Buch hie ligt/
Welchs dir diß zu verstehen fügt/
Nemblich gar kurtz/ in einer Summ/
Das Gsetz vnd Evangelium:

Prov.6 v.23 Jenes das schlägt das Gwissen nidr/
Diß aber stärckt den Sünder widr/

Ier.3. v.11. Heist vmbkehren vnd busse than/
Also nimbt Gott den Sünder an.
Das brennend Hertz das allhie leit/
Die Rew vnd Leyd der Sünden deut/

Ier.20. v.9. Wenn Gottes Wort gschwind vnd behend/
Gleich wie ein Fewr im Hertzen brennt/
Das der Sünder nicht leyden mag/
Hat kein Ruh weder Nacht noch Tag.

Ioh.15. v.10. Der Blaßbalg den die Figur weist/
Bedeut das Ampt deß guten Geist/
Der durch das Wort vnd Sacrament/
Schaffet vnd wirckt an allem end/

2.Tim.2. v. 25. Der muß dem Sünder busse gebn/
Daß er geneß zu jenem Lebn.

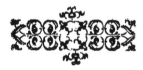

FERIA

DOMINICA CANTATE,
EVANG. JOH. 16. ℣. 5.

Qva pascunt oculos, fastum, volupe omne propagant,
Orbem jam totum, res miseranda, regunt.
Hinc, commissa luant fontes fert dextra flagellum; ut
Insons sis, carnis blanditias fugito.

Daß

Das Hertz durch Gnad/
Findt Hülff vnd Rath.

Eſa.57.v.20   Jn Hertz allhie zu ſehen iſt/
Das girt/vnd außwirfft eytel Miſt/
Dadurch dann wird gezeiget an/

Ier.17.v 9.   Deß Menſchen ſein Condition/
Der/wenns ihm wolgeht trotzen thut/

Pſa.40. v.13
Pſa.94. v.19   Wenns übel geht/fällt bald der Muth.
Cant.5 v.4   Auß den Wolcken gehen zwo Händ/
Pſa.89.v.22   Zeigen daß Gott könn helffen bhend/

Eſa.59.v.1.   Daß ſein Händ ſtarck an allen Ortn/
Vnd nimmermehr zu kurtz ſeyn wordn.
Ein ſchön Pallaſt ſteht da zur hand/

Pſa 84 v.2.   Zeigt an das rechte Vatterland/
Ioh.14. v I.   Da viel lieblicher Wohnung ſeyn/
Vnd alle Chriſten kommen ein/

Ioh.12. v.32   Weil Chriſtus erhöcht von der Erd/
Zeucht er zu ſich was er acht werth/
Drumb durch Genad das Hertz mach veſt/
Haſt Hülff vnd Rath/das iſt das beſt.

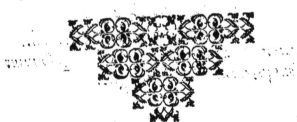

IN FE-

IN FESTO PHILIPPI ET IA-
COBI, EVANG. JOH. 14. V. I.

Jam tollit cristas, sors si favet: aspera verùm
Si tonat, ah! miserè quàm cruciatur homo?
Sed, qui confidunt DOMINO, illos mansio cælis
Certa manet, nec eos sors inimica premet.

Deß Grechten Klag
Sehr viel vermag.

Matt.18.v.3
Luc.18.v.17

Ein Knaben man hie kniend sicht/
Der vns in gsampt denn diß bericht:
Wie ein Christ muß geartet seyn/
Wenn sein Gebet soll kommen ein:
Er kehr vmb/vnd werd wie ein Kind/
Auff daß er bey Gott Gnade find.
Kniend verricht er sein Gebet/

Dan.6.v.10   Wie Daniel der kluge thet.
Ferner sißst an dem Knaben auch/
Daß auß dem Mund gehst auß ein Rauch/

Ps.141.v.2. Die Andacht dieser Rauch zeigt an/
Das beten soll von Hertzen gahn.
chlüssel zeigt auch die Figur/
deß Himmels apertur/

38.   Wann das Gebet gehst auß dem Mund/
Die Gnad deß Herren kompt zur stund.

Col.3.v.17. Jesu vnten stehst auff dem Buch/
1.Jo.3.v.14. Der vns im beten machet klug/
Wann wir erhöret wollen seyn/
Solls gschehn in Jesu Namen fein.
Ein Gfäß vom Himmel gehst herab/

Iac.1.v.17. Zeigt an daß alle gute Gab/
Von Gott dem Herren herab komb/
Drumb Christ bet fleissig vnd sey fromb.

DOMI-

DOMINICA VOCEM IVCVN-DITATIS, EVANG. JOH. 16. ℣ 23.

Hoc clavis sibi vult volitans ex ore precantis,
Quod cælos referent vota precesq; piûm.
Audiat ut citius Genitor te, in nomine Gnati
Ores, cuncta tibi, queis opus, ille dabit.

Das harte Hertz
Wird weich ohn schmertz.

Zwischen zween Felsen ein Hertz hie ligt/
Welchs dir diß zu verstehen fügt/
Deß Menschen sein Verstand vnd Witz/
Das zeiget an deß Felsen spitz/
Der nichts nicht glaubt/auch nichts versteht/
Denn was zeigt sein Subtilitet.
Ein ebner Felß steht da zur seit/
Der Vernunfft ihre grobheit deut/
Die nichts versteht in Gottes sachn/
Vnd will dasselbig nur außlachn.
Dann sihst in der Figur herumb/
Ein Hand zeigts Evangelium/
In welchem der Mensch wird gelehrt/
Wie er sich recht zu Gott bekehrt/
Im Glauben sich mit Gott verbind/
Bey Jesv Christo Gnad so find.
Ferner wird auch ein Kand geweist/
Die Wasser auff das hart Hertz geust/
Hierdurch wird angedeut die Tauff/
Vnd dann deß Menschen gantzer Lauff/
Damit das Hertz wird emollirt/
Von Sünden gantz purificirt.

Zach.7. v. 12.
Ezech.2 v. 7.
Ioh.6. v.52.
Ioh.3.v.4.
1. Cor.2. v. 14.
Ose. 2. v.20.
Hab.2 . v.4.
Syr.1.v.35.
Tit.3.v.6.
Ezech.36. v 25.

IN DIE

IN FESTO ASCENSIONIS,

EVANG. JOH. 16. ℣. 4.

I Nte, cor ſacro mollitur flumine petras,
    Mox Evangelium quod fovet & recreat.
CHRISTE tuo verbo conſtanter inhaeream, ab alto
    Cor mollire meum durius, eja, velis.

Æ iij   Die

Die Friede han/
Habn diß zu lohn.

Ein wild Weib wird hie figurirt/
Die Feind Gottes sein præsentirt/
Die auffsperren den Rachen weit/
Reden stoltz damit allezeit.
Dem Weib verbunden ist das Gsicht/
Damit denn dieses wird bericht/
Daß Christi Feind gantz sind verblendt/
Daß keiner Gottes Gricht erkennt.
Ferner sißt man in dem Gemäld/
Wie diß Weib in der ein Hand helt
Ein Schwerdt/ vnd in der andern zeigt
Ein brennend Fackel/ wie sie leucht:
Damit denn angezeiget wird/
Daß der Feind Christum persequirt/
Mit Fewr vnd Schwerdt an allem end/
Würgt was sich nur nach Christo nennt:
Die Schaar die allhie steht zur seit/
Dieselb die streittend Kirch bedeut.
Die von dem HERREN Christo sein/
Wol mit dem Thaw gezeichnet seyn:
In Händen weisens Palmen gut/
Das die Victori deuten thut.

Prov 9. v 13
Ps. 17. v. 10.
Psa. 35. v. 21
Psa. 73. v. 9.
Sap. 2. v. 21.
2. Cor. 4.
v. 4.
Ps. 140. v. 3.
Ps. 44 v. 23.
Apoc. 7. v. 9
Ezech. 9 v 4

DOMI-

DOMINICA EXAVDI,

Evang. Joh. 15. y. 26. & 16. y. 1.

PIA TURBA TRIUMPHAT TANDEM

Psal. LV. N XVIIII.

Effera quid Mulier Christo, Christiq́, ministris,
    Igne minare neces, ense minare neces?
Frustra! obcæcavit te. Qui videt omnia. Palmam
    Ecce gerit, dextrâ, turba, notata DEI.

𝔚𝔞𝔰

· Was GOtt verheist/
Kein Mensch zureist.

MErck wol allhie an diesem End/
Was Satan brauch für Instrument/
Damit er als der Fürst der Welt
Will niderlegn/was jhm gefällt.

Ezech 23 v 24.
Der Helm zeigt an die Freudigkeit/
Drauff er sich verlest alle zeit:

2.Macc.5.v 3.
Der Schildt der zeigt sein stärck dir an/
Daß man jhm nichts anhaben kan/

Iob 41.v.18.
Mit Schwerdt/mit Pantzer vnd mit Spieß/
Er achts für Stoppln vnd faules Gmieß:
Sein eingebung das Schwerdt bedeut/
Damit er grassirt weit vnd breit/

Ioh 8.v.44
Mit Lügen/Todtschlag vnd Vnzucht

Esa.19.v.14
Bald diesen/bald jenen versucht.
Der Holtzhauff/den du sihst allda/
Zeigt an/das sey Victoria/

Ps.46.v.10.
Ps.76.v.4.
Durch CHristum alles sey zerstört/
Vnd also allem Vnheil gwehrt.
Ein Hand ein Scepter weist herfür/
Hierdurch er præsentiret dir
Deß HErren Gnad/daß jedes Glied/
Soll haben deß Gewissens fried.

INFE-

IN FESTO PENTECOSTES,

EVANG. JOH. 14. V. 23.

Sit Satanas alacris, fortis, totus cruentus,
Atq́; dolos miseris insidiasq́; struat:
Quid tum? Tutus erit pius. Hunc pax Domini obumbrat,
Contra quem Satana nil fera tela valent.

§

𝔚er

Wer das Liecht scheucht/
Von dem Gnad weicht.

Jn Lampen wird gezeiget hier/
Dardurch wird Christus gebildt für/
Der gethan hat was Gott gefällt/

Es.9.v.1,
Joan.1.v.9. Als ein Liecht kommen in die Welt/
Ps.97.v.11, Daß er erleuchtet jederman/
Ier.2.v.25, Dem Grechten muß solch Liecht auffgahn.
Ein Mann dem Liecht den Rucken wend/
Vnd mutßwillig sich selbsten blendt/
Den armen Sünder der Mann zeigt/
Joan.3.v.19. Der jmmerdar von dem Liecht weicht/
Syra.21.v.2 Vnd sich mit Schlangen delectirt/
Biß er endlich wird vulnerirt/
Daß kein Mittel/kein Hülff noch Rath/
Pro.4.v.19. Vnd drüber zgrund vnd boden gaht/
Vnd weil er Finsternuß gliebt sehr/
2.Pet.2.v. Auß Finsternuß kompt nimmermehr.
17;

FERIA

FERIA II. PENTECOSTES,
EVANG. JOH. 3. ỹ 16.

IN Mundum venit lux. Lucem spernere noli,
Si cupis æternâ luce deinde frui.
Qui tenebras amat, hunc serpens adrodet Averni,
Dum stygio fiet præda voranda lupo.

F ij   Auß

Auß eim Anfang
Der gantze Gang.

Anacl. de In-
carn. verbi
c.7.
Et de procef.
Sp.S. c. 11.

Ein Brunnquell auff eim Berg wird
gweist/
Auß welchem sich ein Fluß ergeust/
In einen Bach er fliest herab/
Nilus er seinen Namen hab.

Iere.2. v.13.
Ioh.13. v.3.
Ioh.16. v.28
Ioh.15. v.26

Der Brunnquell zeigt den Vatter an/
Der Fluß Christum sein lieben Sohn/
Der Bach Gott den heiligen Geist/
Sind drey/vnd jeder Gott doch heist.
Der Knab/der mit eim Löffel gut/
Allhier bey dem Bach sitzen thut/

Rom.11. v.
33.

Zeigt an/daß vnbegreifflich sey/
Daß drey sey eins/vnd eins sey drey.

Ef.40. v.12.

Dann wie nie keiner gwesen ist/
Der das Wasser mit Fäusten mißt/
Vnd die Erden wigt mit eim Gwicht:
Also wird keiner funden nicht/
Er sey gelehrt/heilig oder frumb/
Der versteht diß Mysterium,
Drumb mit Vernunfft nicht weit vmbschweiff/
Im Glauben diß Gheimnuß ergreiff.

INFE-

IN FESTO S.S. TRINITATIS,

EVANG. JOH. 3. ℣. I.

Fons & origo Pater, rivus Gnatus, Sacer unda
   Spiritus. Una sed est, unus ut, unda, DEUS.
Quærere, quei fiant, noli, mysteria. Crede.
   Nam nihil hûc ratio; militat una fides.

                   S iij   Wer.

Wer Reichthumb liebt/
Sich selbst betrübt.

Prov. 30. v. 20.

Ein Weibsbild hie ist in dem Schildt/
Die ist deß Reichthumb rechtes Bild/
Bald sich zu dem vnd jenem gsellt/

Pf. 49. v. 11. Vnd doch kein traw noch glauben helt.

Auff dem Haupt hat das Weib ein Cron/

Pro. 19. v. 4. Dardurch die Ehr wird zeiget an:
Ecc. 10. v. 19
Syr. 13. v. 28 Ein Scepter hat sie in der Händ/

Das deut der reichen Regiment:

In der ein Hand ein Pfawen schon/

Zeigt diß/ wenn der reich muß davon/

1 Tim. 6. v. 2. Er nichts mit sich nimbt Gut noch Gelt
Iac. 5. v. 1. Bleibt alles gwißlich in der Welt.

Der Wagen darauff diß Weib fährt/

Die vnbeständigkeit dich lehrt/

Weil sie verbunden nicht verstehst/

Am. 6. v. 6. Wies mit der lieben Armut geht/
Pfa. 75. v. 8.
Ecc. 10. v. 7. Das Glück sich bald verwenden kan/
Aug. ser. 40.
ad frat. in Daß gschwind arm/ der ein reicher Mann.
ber. Vier Löwen ziehen diesen Wagn/

Deß Reichthumbs seine Sünd ansagn.

Sap. 2. v. 6. Hoffart/ Versaumnuß/ Schwelgerey/

Vnmitleidig ist auch dabey/

Syr. 13. v. 4. Drumb wer den Reichthumb zu sehr liebt/

Sich beyd an Leib vnd Seel betrübt.

DOMI-

DOMINICA I. TRINITATIS,

EVANG. LUC. 16. ỳ. 19.

QUAM LUBRICA DITIUM

VAHISORS

Eccl. V. V. IX.

A D *scelus invitat malus omne pecuniæ abusus,*
 Obscurans hominis cor oculosq; simul.
Vtere divitiis recte. Qui deperit illas,
 Et corpus perdit, perdit & una animam.

Derach:

Verachtung blind /
Gnad nimmer findt.

JN der Figur ein Sonn man sicht/
Wie sie deß morgens frü außbricht:
Die zeigt vns Gottes Gütigkeit/
Die er vns in seim Wort anbeut/
Sie ist all morgen new beßend/
Sein Gůt hat nimmermehr kein end.
Auß der Wolck gehßt ein Hand herfür/
Die da ein Brieff weist von Papier/
Deß HERREN Wort zeigt der Brieff an/
Was er von vns will allen han.
Daß wir dasselb mit allen Ehrn
Fleissig solln lesn/ vnd gern hörn.
Der Mann hie mit vmbkehrten Gsicht/
Der Menschen art vns schön bericht/
Die jmmerdar exorbitirt/
Vnd Gott in seim Wort reformirt:
Nur nach dem zeitlichen stets tracht/
Deß ewigen gar wenig acht/
Drumb muß er endlich beydes lassn/
Wenn er wird fahren seine Strassn.

Psa 136. v.8

Thr.3.v.23.

Greg.M.l.4
Ep.40.f.808

Psal.78.v.1.

Matt.11.v.
19.
Luc.7.v.35.

Chrys. ap.
Iust.Mart.
in Annotat.
Orat ad An
ton. Poem
T.1.f.124.

DOMI-

DOMINICA II. TRINITATIS,
EVANG. LUC. 14. ⅴ.16.

JVſtitiæ Solem ſtupidus ſpernit: nec habere
   Literulam, ad cœnam quæ jubet ire, cupit.
Æternum ſi quis temnit, mundana requirens
   Tantùm, hunc poſt abitum triſtia fata manent.

C   Deß

Deß Herrn Ruth
Auffwecken thut.

Uff ein Sandhauffn ligt hie ein Mann/
Der zeigt den armen Sünder an/
Deß Sünd soviel vnd also schwer/
Gleich wie der Sand am tieffen Meer/
Der Mann der schläfft/ gantz nichts empfindt/
Lehrt/ daß je schlaffen vnser Sünd/
Biß das Hündlein/ so ligt dabey/
Auffwacht/ vnd zeigt das Gwissen frey/
Das dem Sünder macht angst vnd bang/
Daß ers nicht kan antreiben lang.
Durch die Ruthen wirds Esetz geweist/
Das dann weh thut/ vnd schmertzlich beist.
Das Liecht zeigts Evangelium/
Weist wie man möge werden frumb/
Wenn man Christum das Liecht erreicht/
Welches die gantze Welt erleucht.

Orat. Mo-
nas. v. 9.
Psa. 38. v. 5.
Prov. 23. v.
35.
Es. 44. v. 9.
Gen. 4. v. 7.

1. Cor. 4. v.
21.
Psa. 77. v. 6
Marc. 16. v.
15.

Ioh. 1. v. 9.

DOMI-

DOMINICA III. TRINITA-
TIS, EVANG. LUC. 15. V. 1.

Hic jacet, & stertens fundit per membra quietem,
    Sed canis ut latret quam subitò evigilat?
Cum vocat è scelerum somno lex, surge: prehende
    Lucem Evangelii: Sic benè tutus eris.

G ij   In

In Christi Glantz
Vollkommen gantz.

EIn Triangul wird gweist allhier/
Der einen Christen zeiget für/
Wie er nach CHRISTI Regul fein/
Allerdings soll vollkommen seyn.

Mat. 5. v. 48

Das erste Eck zeigt klärlich an/
Eins Christen dispensation/
Daß er soll gebn auff dieser Erd/
Auff daß ihm wider geben werd.

1. Tim. 6. v. 18.
Prov. 5. v. 16
Esa. 58. v. 7.

Das ander Eck das zeiget frey/
Daß jeder Christ gerne verzeih.

Luc. 17. v. 4

Das dritt Eck zeigt/ daß er nicht richt/
Wie gmeinglich in der Welt geschicht.
Das Bleygwicht das hie hangt/ thut lehrn/
Man soll sich zu den armen kehrn/

Matt. 7. v. 1.
Rom. 2. v. 1.

Mitleidig vnd barmhertzig seyn/
So will Gott gnädig sehen drein/
Mit vns nicht fahren zu geschwind/
Sondern verzeihen vnser Sünd.

1. Pet. 3. v. 8.

DOMI-

DOMINICA IV. TRINITATIS, EVANG. LUC. 6. ℣. 36.

DEs quacumq; cupis reddi, peccata remittas,
Nec temerè damnes, atq; inopi fer opem.
Si facis ex animo hæc, quæ restant cætera JESUS
Supplebit, suetâ pro bonitate, bonus.

Wer fült den Zorn
Komm zu dem Horn.

Eſa.28.v.16

Ein Eckſtein hie zu ſehen iſt/
Welcher bedeutet Jeſum Chriſt/
Den Stein geleget ſelbſt hat Gott/

Pſ.118.v.22
Zu trotz dem Teuffl vnd ſeiner Rott/

Matt.21.v 42.
Den die Bawleut verworffen han/

Act 4.v.11.
Iſt zu ein Eckſtein gnommen an.

1.Pet.2.v.4.
2.Sam.22.
Auff dem Stein der zum Eckſtein worn/

v 3
Sißt man oben erhöcht ein Horn/

Luc.1.v.69.
Damit wird anzeigt Chriſti Macht/
Dardurch ein Chriſt all Feind verlacht.

Pſa.25 .v.15
Die drey Perſonen ſo zur hand/

Pſa 86. v.5.
Die zeigen an der Chriſten Stand/

Pſa.121.v.1
Wenn eins derſelben wird verſucht/
Zu dem Eckſtein nimbt ſein Zuflucht.

Mich 2 v.11
Ferner wird zeigt ein ghärniſcht Mann/

Eſa.30.v.10
Der zeiget vns den Teuffel an/

Dan.10. v 13.
Der mit all ſeiner Macht vnd Liſt/

Eph.6 v.12.
Nur auff die Chriſten abgricht iſt/
Der rumoret in allem Land/
Greifft an Geiſtlich vnd Weltlich Stand.
Drumb wenn deß Satans ſein Zorn brinnt/
So find dich zu dem Horn nur gſchwind.

INFE-

IN FESTO IOHANNIS BA-
PTISTÆ; EVANG. LUC. I. ℣. 57.

HEIc cataphractus adest Dæmon: contra, ecce, salutis
   Hâc cornu positum, quod pia turba petit.
Te tentat Satanas: ad CHRISTUM dirige gressus,
   A quo sola venit, non aliunde, salus.

Ohn

Ohn Gottes Gunst
Ist alls umbsunst.

Am.6.v.12.

Uff einem Berg ein Bawrsmann gut/
Mit zweyen Ochsen ackern thut/
Der zeigt uns an die Nullitet/
Daß ohn Gott kein Arbeit fortgeßt.
Ein Männlein unten in dem Grund/

Eccl.10.v.15

Der arbeit manche saure Stund/
Damit er nichts außrichten mag/

Syr.11.v11.

Dann solches ist der Narren plag/
Dieweil sie nicht versteßen wol/
Wie man die Arbeit führen soll/
Thun zwar der sachen viel movirn/
Und mögen doch nichts promovirn/

Eph.4.v.18
Pro.4.v.19.

Verfinstert ist gantz ihr Verstand/

2.Cor.3.v.5.

Tappen wie blinde an der Wand/
Sie finden niemals guten Rath/
Daher ihr sach den Krebsgang hat/
Drumb siß allein auff Gottes Gunst/
So arbeitest nimmer umbsunst.

DOMI-

DOMINICA V· TRINITA-
TIS, Evang. Luc. 5. ꝟ.1.

HOMINUM SIC CURA LABORO

Psal. CXXVII. ꝟ II.

Alter ut exercet, sed frustra, vomere petram,
  In tenebris alter findit inanis humum:
Sic labor omnis abit, si non benedixerit ille,
  Qui potis, in fumum. Nil pote homo, omne Deus.

ħ   𝔚𝔢𝔫𝔫𝔰

Wenns so gegründt
So schadt kein Wind.

Luc.6.v.48 Auff eim Berg steht ein kluger Mann/
Der einen schönen Baw gibt an:
Der Mann zeigt an ein Christen gut/
Welcher alls weißlich schaffen thut/
Iac.1.v.22. Das Wort nicht bloß im Mund nur führt/
Pf.25.v.21. Sondern im Werck auch practicirt/
Macar.hom
1. Hellt sich zu Leuten so da frumb/
Pf.88.v.8. Damit ziert er sein Christenthumb.
Vmb diesen Berg groß Wasser ran/
Die Wind auch sein Baw blasen an/
Hierdurch denn diß wird angedeut/
Pf.71.v.20. Wie jedesmal die Christenheit/
Pf.84.v.7. Haben außgstanden viel Trübsal/
Esa.28.v.16 Allhie in diesem Thränenthal/
Sind gleichwoln niemaln ruinirt/
Weil sie auff Christum sind fundirt.

INFE-

IN FESTO PETRI ET PAVLI,

EVANG. MATTH. 16. ℣.3.

F*Luctuet unda, Austerҩ, insurgat, & ingruat imber,*
  Stat tamen immota, in rupe locata, domus.
*Quando super Petram-*CHRISTUM *fundamina ponis,*
  Tunc nocuisse tibi nulla pericla queunt.

ᚻ ij   𝕎𝖆𝖘

Was bittr vnd trüb/
Trägt alls die Lieb.

ALlhie sihst ligen auff der Erd/
Ein Scheermesser/ ein Pfeil/ ein Schwert/
Psa.57. v.5. Dardurch wird angezeiget sein/
Was böse vnd loß Mäuler seyn/
Psa.64 v.5. Die jhre Zungen wie Schwerdter wetzn/
Ps.140, v.4. Damit die frommen zu verletzn.
Syr.28. v.21 Ein böß Maul zerschmettert die Bein/
Durchs Schwerdt jhr viel gefallen seyn/
Durch böse Mäuler noch viel mehr/
Wie Syrach vns gibt diese Lehr.
Mat.5. v.25 In der Lufft zwo Händ zeigen an/
Daß willig sey ein jeder Mann/
Seim Widersacher zu vergebn/
Das dient zu dem vnd jenem Lebn.
Die Sonnenstralen zeigen frey/
Daß Gott mit Gnaden dabey sey/
Wo man im Friede alles hegt/
Denn die Lieb doch alles erträgt.

DOMI-

DOMINICA VI. TRINITA-
TIS, Evang. Matth. 5. ℣. 20.

AMOR DURISSIMA SUFFERT

I. Cor. XIII. V. VII.

I Mmeritum vulgi quamquam mendacia lædunt
  Te, famam rodit livida lingua tuam:
Ne tamen irascare cave: magis esto paratus
  Ad veniam, veniam sic Tibi IOVA dabit.

H iij   Fur

Für Viehe vnd Leut
Hat Gott bereit.

Jn Wiesen grün wird gezeigt hie/
Auff welcher ist allerhand Vieß/
Lehrt vns deß Herren providentz/

Pf.104.v.14 Damit er versißt alle Grentz.
Deu 11.v.15
Iob.38.v.28 Für das Vieß läst er wachsen Graß.
Sap.17.v.18 Durch Thaw macht daßelbig naß.
Pf.147 v.9.
Matt.6.v. Die Vögel vnterm Himmel schon/
26. Mit singen zeigen dieses an/
Daß er der gütig Herr so weiß/
Geb allem Vieße Futter vnd Speiß.
Ein Bawrsmann mit der Egen gut/
Sich auff der seiten herfür thut:
Matt.14.v. Lehrt daß wir sollen sparsam seyn/
20.
Mar.6.v.43 Vnd wenn Gott reichlich schencket ein/
Ioh.6.v.12 Zu ruck was legen vnd ersparn/
Damit man hab in Bösen Jahrn/
Denn Sparsamkeit zu jeder frist/
Ein grosser Zoll gewesen ist.

DOMI-

DOMINICA VII. TRINITA-
TIS, EVANG. MARC. 8. ℣. I.

P*Afcuntur pecudes : genus adcinit omne volucrum:*
   Rusticus arva occet : IOVA benignus adest.
Largâ si te messe beat DEVS, ipsi age grates,
   Dilapida nil, sed collige quod superest.

𝕯𝖊𝖈

Der groß von Macht/
Beydes betracht.

EIn Weibsbild in ein Heilgen Kleid/
Wird vns in der Figur andeut/
Das ist ein rechtes Conterfey/
Der Heuchler vnd der Gleißnerey:

Ose 7. v. 4.
Ier. 2 v. 33.
Der Hertzn in heisser Andacht ist/
Vnd was sie opffern ist nur list.

Matth. 23.
v. 27.
Auff einem Grabstein kniet das Weib/
Zeigt daß das Hertz in jhrem Leib/
Sey gantz voller Vnreinigkeit/
Ob sie schon aussen gleißt zu zeit.
An der seit hengt ein gschlossen Buch/
Zeigt der Gleißner vnwissend fug/

Col. 2. v. 18.
2. Tim 3. v. 5
Daß sie ein schein der Weißheit han/
In GOTTES Wort doch nichts verstahn.
Ein Wolffsklaw mit ein blosen Schwerdt/

Marc. 11. v.
40.
Luc. 20. v.
47.
Zeigt was sey der Heuchler begerd/
Daß sie sich nemblich deß befleissn/
Wie sie Gelt vnd Gut zu sich reissn.

Ezech. 22.
v 25.
Drumb sih von auß nicht an den Mann/
Der HERR weiß was er innen kan.

DOMI-

DOMINICA VIII. TRINITA-
TIS, EVANG. MATTH. 7. ℣. 15.

IN formâ pietatem externâ quærere noli,
Quæ cautos etiam fallere sæpè potest.
Acrius inquiras, sanctâ sub veste latere,
Deprendes, mentem, nil, nisi hypocriticam.

J   Der

Der Reichthumb gut/
Erretten thut.

Jr GeltTruhen wird hie geweist/
Die in gemein der Mammon heist/
Zween Löwenköpff zu beyden seitn/
Die Rapacitet sie andeutn.

Psa.52. v.9.

Ps.22. v.14. Dann wie ein Löw ein reissend Thier/
Ose.13. v.7. Das laurt vnd raubet für vnd für.
Die MammonsKnecht thun also auch/
Psa.10. v.8. Schinden vnd schaben ist jhr brauch:
Auff die GeldtTruhen hagelts sehr/
Eccl.6. v.5. Zeigt/ daß sie kein Ruh nimmermehr/
Eccl.5. v.11 Jhr Reichthumb läst sie nimmer schlaffn/
Also thut Gott den Mammon straffn/
Viel Gut habn sie/ vnd wenig Muth/
Also der Mammon loßnen thut.
Vnter der Truhen ligt ein Hertz/
Siht an das Gelt mit grossem schmertz/
Eccl.6. v.2. Darff solches gar nicht greiffen an/
Matt.10. v. Daß er jhm selbst thät guts davon.
16. Auff der Truhen ein Schlangen ligt/
Die den reichen Klugheit bericht/
Daß er auff sein Gelt wol hat acht/
Vnd jhme damit Freund hie macht:
Prov 13. v.8 Dann mit Reichthumb/ mit Gelt vnd Gut/
Sein Leben er erretten thut.

• DOMI-

DOMINICA .IX. TRINITA-
TIS, Evang. Luc.16. ỳ.1.

QVid juvat innumeros nummos si possidet arca: &
Irrequieta coquit sors animam miserè?
Vtere divitiis cautè. Nec Numinis instar
Sit nummus. plures hôc periisse scias.

J ij   Mit

Mit Stoltz vnd Gelt/
Der Teuffel stellt.

ALLhie da steht ein Kirchlein klein/
Darinnen allzeit Diener seyn/

Ebr.7.v.27.

Die da mit opffern vnd mit lehrn/
Den höchsten Gott im Himmel ehrn:

Ps.133.v.1.
Sollen friedlich seyn allerseits/

Ebr.13.v.5.
Daß all jhr Wandel sey ohn Geitz.
Der Teuffel solchs nicht leyden kan/

Esa.56.v.11
Drumb eine Laiter leint er an/

Ier.6.v.13.
Hat mit sich einen Geltsack schwer/
In der Hand führt ein Pfawen er:
Bricht damit in die Kirchen ein/
Macht vneinig/ die einig seyn/

2.Pet.5.v.2.
Durch Ehrgeitz vnd schändlichen Gwinn/
Zurütt er allen jhren Sinn/

1.Pet.5.v.3.
Ein jeder will da dominirn/
Vnd sich dem andern præferirn.
Drumb relegir Stoltz vnd das Gelt/
Den Dienern Satan hierdurch stellt.

INFE-

IN FESTO IACOBI,

EVANG. MATT. 20. ℣. 20.

IN templo Domini discordes reddere Damon
   Vnanimes tentat fraude, dolo, arte, minis.
Sit procul ambitio, & vetiti procul illa lucelli
   Spes! Satanas, vobis quid nocuisse queat?

J iij   Leben

Leben vnd Todt/
Der Mensch hie hat.

JN der Figur siht man ein Statt/
Darumben sehr viel Wasser gaht:
Zeigt an/daß in den Stätten groß/

Oß.4. v.2. Viel Sünd gschehen ohn vnterlaß/
Pf.55.v.10. Stehlen/ Ehebrechen vnd Mordn/
Ion.1. v.2.
Syr.35.v.19. Frefel vnd Hadr an allen Ortn.
Pf 79.v.5. Ein Rauch man allhie siht auffgaßn/
Welcher vmb Rach Gott ruffet an.
Deß Eifer brennt gleich wie ein Fewr/
Die bösen straffet vngehewr.

Pfal.7.v.13. Sein Schwerdt ist gwetzt/der Bogen gspañt.
Ier,25,v 29. Darmit er abstrafft Leut vnd Land.
Das zspalten Hertz das zeiget an/
Daß Gott auch Gnad einwenden kan/

Ier.31. v.20. Wann er bußfertig Sünder sicht/
Ose.11. v.8. Sein Hertz im Leib alsbald jhm bricht.
Daß er sich der erbarmen muß/
Thuts hertzlich gerne ohn verdruß.
Drumb weil dir Gott thut beydes gebn/
Laß fahrn den Todt/greiff nach dem Lebn.

DOMI-

DOMINICA X. TRINITA-
TIS, Evang. Luc. 19. ℣. 41.

Fumus ut ascendit, penetrant sic crimina cælos;
    Provocat ad pænas vita scelesta DEVM.
Ergò fuge omne malum, resipisce, & quare, Jehovæ,
    Anxius, oblatam gratiam: & invenies.

So

So mach ich loß
Den Sünder groß.

Ap.6.v.5.

Auß der Wolck geht ein Waag herfür/
Welche zwo Schalen zeiget dir/

Dan.5.v.27
Iob 31. v.6.
Iob 15.v.27.

Die Waag zeigt Gottes Grechtigkeit/
Wie er vnser thun wigt allzeit.
Ein gschwollen Hertz ligt auff der Schaln/
Thut damit die Heuchler abmaßln/

Esa.56. v.5.
Luc.18.v.1.

Die sich auff Mosi Gsetz verlan/
Stoltzirn/verachten jederman.
Auff der ein Schaln ligt auch ein Hertz/

Ps.51. v.20.

Welchs hat wegen der Sünden schmertz/
Ein Creutz/ein Kelch ist auch dabey/
Zeigt was deß Sünders trost denn sey/

Gal.8. v.14
Col.1. v.20.

Nemblichen daß ein jeder Christ/
Durchs Creutz nunmehr versöhnet ist/
Christus jhn tränckt mit seinem Blut/

Ioh.6.v.54.

Erlangt hierdurch das ewig Gut.
Also wird nun der Sünder groß/
Von all sein Sünden gmachet loß.

DOMI-

DOMINICA XI. TRINITA-
TIS, Evang. Luc. 18. ÿ. 1.

CONTRITOS GRATIA SANAT

Esai. LVII. X. XV.

Ipse Deus trutinæ suspendit ab axe bilancem,
  A cruce, cor, Christi & sanguine, pondus habet.
Iustitia propria diffidas. pulvis & umbra est.
  Sed fidas Christi, & salvus eris, meritis.

Deß Herren Hånd,
Alln schaden wend.

Pf. 31. v. 13.　Ein zbrochen Gfåß ligt auff der Erd/
Ier. 19. v. 11.　Zeigt an die Trübsal vnd Beschwerd/
Syr. 43. v. 1.　Den wir all vnterworffen seyn/
　　　　　　Wegen der Sünden/groß vnd klein.
Syr. 10. v. 11.　Wenn gleich der Artzt an vns flickt lang/
　　　　　　Müssn wir doch zletzt den gmeinen Gang.
Pfa. 80. v. 18　Hie mag niemand rectificirn/
　　　　　　Die Hand die muß recuperirn.
　　　　　　Fünff Finger sihst du an der Hånd/
Ier. 30. v. 11.　Der erst der wird der Grecht genennt/
Num. 23. v.
93.　Vnwandelbar der ander heist/
Pf. 104. v. 24　Sein Weißheit dir der dritte weist/
Pfa. 58. v. 36
Exod. 6. v. 3.　Sein Wunder der vierdt zeiget an/
Pf. 68. v. 20.　Der Fünfft sein Stårck/weist was er kan.
　　　　　　Wenn du nun Creutz vnd Trübsal hast/
　　　　　　Vnd dein Gott dir auff legt ein Last/
　　　　　　Denck an die recht Hand allezeit/
　　　　　　Er ist zu helffen mit bereit.

DOMI-

DOMINICA XII. TRINITA.
TIS, EVANG. MARC. 7. ℣. 31.

V As *volut hic fractum, sic robora nostra fatiscunt,*
　Quæ vires hominum non reparare valent.
Dextera (quæ fortis, mutari nescia, prudens,
Iussa, & mira) tamen perficit illa DEI.

Kij　　　Gott

Gott nur das braucht/
Was hie nicht taugt.

Eit Jtzt Weibsbild kniend für eim Mann/
Mit einer Leinwat angethan/
Ein Beck mit Wasser steht bey jhr/
In der Figur wird zeiget dir.
Demut wird hierdurch abgebild/
Die bey Gott allezeit viel gilt:
Die Sonn jhr Stralen zu jhr wend/
Gibt vns die Lehr zu diesem end/
Daß Gott mit seinen Augen rein/
Nur wolle bey der Demut seyn/
Die edle Demut woll er ehrn/
Vnd jhr Gebet gnädigst erhörn.
Die Sternen so am Himmel stahn/
Die grosse Ehr sie zeigen an/
Die Gott der Demut fürbehelt
Weil sie jhm also wolgefällt/
Daß er sie erhebt auß dem Kot/
Vnd setzt vnter Fürstliche Rott.
Drumb taugst du hie nicht/wirst veracht/
Schaw zu wie wunderlichs Gott macht/
Was schwach vnd veracht für der Welt/
Dasselbig das hat Gott erwehlt/
Daß er vernicht was etwas ist/
Wie du hie an Maria sihst.

1.Sam.25.v. 41.

Ioh.13.v.4.

Ps.113.v.6.

Iud 9.v.16.

1.Sam.2.v. 8.
Ps.133.v.8.

1 Cor.1.v. 27.

IN FESTO ASCENSIONIS
MARIÆ, Evang. Luc. i. ɣ. 39.

NON MVNDO? GRATA SVPREMO

Iud . IX . ɴ . XVI .

D *Espectus mundo, fulgebit sideris instar*
  Post obitum, fuerit dummodo & ipse pius.
Ergò sis humilis, studeas̄q̃ simul pietati,
  Te Sol Iustitia tollet ad astra poli.

𝕶 iij   𝕯ec

Der Glaub nur gilt/
Das Gsetz nichts stillt.

JTz Wiesen hie gezeigt wird grün/
Die mit eim Zaun vmbfangen schön/
Hierdurch versteh deß Herrn Gsetz/
Damit sich ein Christ stets ergetz/
Gleich wie das Vieh auff Wiesen gut/
Sein Frewd vnd Speiß stets suchen thut.
Die Hewschrecken diß zeigen an/
Das Gsetz kein selig machen kan/
Dann wie ein Hewschreck ist gestalt/
Als ob sie flieg/ fällt aber bald :
Also hat das Gesetz den schein/
Als ob es helff in Himmel ein:
Daß aber dieses gar nichts thut/
Der Paradeißvogel zeigt gut.
Nemblichen daß der Sündenknecht/
Wenn er will bstehn/ vnd seyn gerecht/
Im Glauben sich zu Christo find/
Welcher getragen vnser Sünd/
Der ist zum Gnadenstul gemacht/
Vor Gott sehr hoch vnd thewr geacht/
Wer diesen isst im Glauben an/
Die Ehrenkron hat er zu lohn.

Psal. 1. v.2.
Psa.25. v.13
Ps.104. v.14
Pro.27. v.25
Chrys. hom.
14. de Princ.
Evang. sec.
Marc. f. 19. a

Gal.3. v.21.

Ioh.1. v.29.
Rom.3. v 25

Apoc.2. v.10

DOMI-

DOMINICA XIII. TRINITA-
TIS, Evang. Luc. 10. ℣. 23.

HÆIC GRATIA SOLA FIDES Q

Rom. III. V. XXVIII.

N^{ll} faciunt alæ : his nec freta cicada volabit.
    Fretus lege vates scandere nemo polum.
CHRISTUM *prende fide, & pete cum paradisiâ ave altum,*
  Gratia ubi gratis parta corona tibi.

Jehő.

Je höher Gab/
Je mehr herab.

Jn Baum der wird gezeigt allhie/
Deß man hat gwart mit grosser müh/
Biß er angfangen außzuschlagn/
Vnd viel der edlen Frücht thet tragn.
Der Baum zeigt an in einer Summ/

Esa.51.v.16   Das heilig Ministerium,
Esa.61.v.3   Die Kirchendiener an dem end/
Die werden Baum vnd Pflantzen gnennt.
Daß sie alles vnd jedes ziel/

Ioh.15.v.16
Psf.68.v.19.
1.Cor.12.v.   Sollen tragen der Früchte viel.
Die Gabey so sie han vom HErren/
4.
Iohan.Pa-
triar.invita   Anlegen/vnd damit jhn ehrn.
Damasc.   Der Baum sich hie neigt zu der Erd/
Die Kirchendiener Demut lehrt:
Wann die vor andern wissen was/
Vnd die sachen verstehen baß/
Daß sie sich ja nicht præferirn/
Vnd hierdurch den Stoltz ostendirn/
Sondern der Demut sich befleissn/
Hierdurch jhrn Gott im Himmel preisn.

Luc 23 v
24.
2.Tim.2.v.   Die Cron vnd Scepter zeigen an/
Das Weltlich sie solln lassen stahn/
4.
Luc.12.v.14   Fürsten vnd Herrn lassen richtn/
Vnd sie dafür das Geistlich schlichtn.
Deß deinen wart/demütig sey/
So ist Segen vnd Glück dabey.

IN FE-

IN FESTO BARTHOLOMÆI,
EVANG. LUC. 22. ɣ. 24.

Ut lætos effert fructus generosior arbor,
  Attamen & ramos mittit ad ima suos:
Sic quoq̃, præ reliquis quos raris JOVA beavit
  Dotibus ingenii, sint humiles, studeant.

𝕷   𝔇er

Der loß Vndanck
Left nichts denn gftanck.

Prov 7. v. 10
Ier. 3. v. 3.
EIn frech Weib ift hie abgebildt/
Ift der vndanckbarn rechter Schildt/
Die Lügen zu der Mutter hat/
Vngrechtigkeit an Vatters ftatt.
In der Hand hats ein Schletterlein/
Damit wird angedeutet fein:

Syr. 29. v. 5.
Wenn der vndanckbar Hülff bedarff/
Ift er im reden gfchwind vnd fcharff.
Ein Wermut büfchel zeigt fie bald/

Pfa. 78. v. 11
Zeigt daß der Danck gar gfchwind veralt:
Denn wie der Wermut fchlaffend macht/
Alfo der Vndanck gar nichts acht/

Efa. 57. v. 11
Bar. 4. v. 8.
Sap. 16. v. 29
Deß HErren feines Gotts vergift/
Vnd jhm felbft alls allein zumift.
Der Zaun der hie im Waffer fteht/
Zeigt/ daß gleich wie der Reiff vergeht
Vom Sonnenfchein/wenn der recht brennt/
Alfo ift der vndanckbarn end/
Verflieft gleich wie ein Waffer fchlecht/
Drumb flieh Vndanck/ fo bleibt dir recht.

DOMI-

DOMINICA XIV. TRINITA-
TIS, Evang. Luc. 17. ℣. 11.

Dixeris ingratum, medico qui reddere nollet
Grates, jam factus sanus ubi ejus ope.
Heus homo! cottidie variis te liberat ipse
JOVA malis: grates, sis memor ergo, feras.

L ij   Satan

Satan vnd Gott/
Vngleiche Rott.

Durch dieses Weib in diesem Schild/
Ein Mammonsknecht wird abgebildt/
Welcher da all sein Haab vnd Gut/
Mit Lügn/vnd Wucher samblen thut:
Ein Creutz führt diß Weib in der Hand/
Zeigt wie der Geitzig sey entbrannt/
In andacht gegen Gottes Wort/
Fährt gleichwol in sein Geitzen fort.
Ein Geltsack steht allhie dabey/
Zeigt daß das Gelt jhr trost nur sey.
Ein Garten auch zu dieser frist/
In diesem Gmäl zu sehen ist/
Hierdurch wird angedeut die Ehr/
Die widerfährt sonst keinem mehr/
Dann nur dem reichn. Ein Hündlein klein
Das auch bey diesem Weib will seyn/
Zeigt an deß Teuffels seinen Muth/
Der nur bey Mammon bettlen thut.
Die Vögel so fürüber fliegn/
Die weissen wie das Gelt thue liegn/
Vnbständig ists bey jedem Mann/
Vnd wie ein Vogel fleugt davon.

Prov.21.v.6
Pro.28.v.8

Ose.7.v.4.
2.Tim.3.v.
5.
Syr.6.v.23.

Iob 31.v 24

Pro.19.v.4.
Syr.10.v.33

Chrys.in lib
88. hom.53.

1.Tim.6.v.
17.
Ose.9.v.11.

DOMI-

DOMINICA XV. TRINITA-
TIS, Evang. Matth. 6. ỹ. 24.

PAR, IMPAR, JOVA, SATANO.

2. Cor. VI. v. xv.

A *Volat inſtar avis malè-parta-pecunia: avarus*
Semper-egens prodeſt nec ſibi, nec populo.
Collige divitias, quas profert paginæ ſacra;
Ipſâ re, quovis tempore, dives eris.

L iij   Wie

Wie ein Fadn bricht/
So vns geschicht.

EIn Weber bey seim Stul hie sitzt/
Er wircket daß er aller schwitzt/
Die Arbeit mich vnd dich er lehrt/
Deßwegen jeder wird geehrt.
Gleich wie aber ein Faden bricht/
Also es mit vns Menschen gschicht.
Das Blumwerck/das da steht zur seit/
Zeigt an deß Menschen Herrligkeit/
Gleich wie ein Blum verwelcket bald/
Fällt ab/vnd wird gantz vngestalt.
Die Sandvhr so da steht dabey/
Zeigt/wenn die Stund vorhanden sey/
Wenn hergeruckt kompt der Termin/
So geht eins nach dem andern hin/
Der Todt saumt nicht/weiß wol den Bund/
Er schonet niemals keine Stund.
Drumb wenn dir bricht ein Fad zur zeit/
So bedenck deine Sterbligkeit.

Psal.128.v.2.
Psl.104.v.23
Iob.7.v.7.
Esa.38.v.12.
Iob.14.v.2.
Esa.40.v.7.
1.Pe.1.v.24
Luc.1.v.11.
Psa.39.v.6.
Syr.14.v.12

DOMI-

DOMINICA XVI. TRINITA-
TIS, Evang. Luc.7.V.11.

UT FILUM, SIC MEA VITA

Esai . XXXVIII. V.XII.

R*Vmpitur en subitò filum: flos quàm citò tabet*
In nihilum evadens? vita hominumq́, fugit!
Ergo memor finis sis, quod clepsydra monet, te.
Et sic, cum veniet Parca, paratus eris.

L iiÿ   Wer

Wer weiß vnd klug/
An weng hat gnug.

Syr.36.v.20

Col 2. v 23.

DIe Schüssel hie den Magen deut/
Der zu sich Speiß nimbt allezeit/
Thut vns áll in gmein dieses lehrn/
Daß wir das Fleisch zur notdurfft eßen:

Syr.37.v.30

Drumb prüffen sich soll jeder Christ/
Was seim Leib gsund vnd dienstlich ist.

2.Pet.1.v.6

Die Mässigkeit die Kand zeigt an/
Der sich soll fleissen jederman/

Luc.21.v.34.

Den Leib nicht zu hart onerirn/

Syr.29.v.28

Mit wenig sich lan contentirn.

1.Pet.4.v.8

Das Rauchfaß diß anzeiget dir/
Daß du solt danckend mit gebür

Dan.10.v.16.

Annemen/was dir Gott thut gebn
Keusch vnd züchtig seyn in deim Lebn.
Die Schlangen so vmbs Rauchfaß staßn/

2.Cor. 2. v. 11.

Deß Teuffels list sie zeigen an/
Der wie er listig vnd behend/
So hindert er an jedem end.
Drumb lieber Christ sey weiß vnd klug/
Siß dich für/hab an wenig gnug.

DOMINICA XVII. TRINITA-
TIS, Evang. Luc. 14. ℣. 1.

SAPIENS MODICO SATURATUR

Syr. XXXI. ℣. XXII.

Sic edito, ut vivas, modico contentus; & inde
Solve Deo grates, luxuriemq́; fuge.
Fructûs, ut libitum, si quis disperdere gaudet,
Poh, tandem fiet mancipium Satanæ.

m   Deß

Deß Hertzen Wund
Das Wort macht gsund.

Gen.3 v.18. Jn Hertz hie vnter Dörnern ligt/
Daſſelb dir diß zu wiſſen fügt/
Wie daß nach vnſer Eltern fall/
Die Erd trägt Dörner überall/

Ioh.31.v.40 Für Gerſten vnd für Wäitzen gut/
Nur eytel Diſtel bringen thut:

Pro.15.v.19. So iſt dörnicht deß faulen Weg/
Nah.1.v.10. Mit Diſteln iſt verlegt ſein Steg.

Ein Buch verſpert ſteht hie dabey/

Rom.8.v 3. Zeigt/daß dem Gſetz vnmüglich ſey/
Gal.2. v.15. Zu Heylen das verwundte Hertz/
Sap,16,v.12 Die Salb lindert auch nicht den ſchmertz.

Ein Hand allhie das Creutz fürweiſt/
Solchs mich vnd dich zu Chriſto heiſt/

Eſa.53.v.5. Wann wir wundt/ſolln wir zu jhm eiln/
Sein Wunden vnſer Wunden Heyln:

Gal.6.v.14. Jm Creutz ſoll vnſer Ruhm Beſtehn/
Col.1.v.20. So mögen wir gantz ſicher gehn.

IN FESTO MATTHÆI,
EVANG. MATT. 9. ℣. 9.

NEc læsum spinis cor lex, unguentáve sanant:
    Est solùm nostri crux panacéa mali.
Sub cruce quando premor: mihi crux Christi sit asylum.
  In cruce, sit, CHRISTI, gloria, honorꝗ meus!

Mÿ   Wo

Wo Gnad sich findt/
Die Deck verschwindt.

Jr Eckstein hie zu sehen ist/
Das Gsetz versteht hierdurch ein Christ/
Welches mit Gottes Finger klar/
Auff Steinre Tafel gschrieben war.

Ex.31.v.18.
Deu.9.v.10.

Viereckicht ist hie dieser Stein/
Zeigt/daß das Gsetz bekannt soll seyn/
An den vier Ort vnd End der Erdn/
Vnd überall getrieben werdn.

Sap.8 v.1.

Das Hertz so auff dem Stein hie leit/
Der Juden härtigkeit andeut/.
Die immerdar das Gsetz zwar treibn/
Verstockt/vnd hart doch gleichwol bleißn.
Drumb ist das auch nicht weit davon/
Jhr vnwissenheit zeigt es an:
Die Juden werden nimmer klug/
Versigelt ist jhn dieses Buch.

Pfa.19. v 5.

Rom.2.v.5.
Ez.36.v.26.

Ef.29.v.22.

Die Deck bleibt biß auff diesen Tag/
Drumb sich keiner bekehren mag.
Der Stab hie sampt dem Sonnenschein/
Die Gnad CHRISTI andeuten fein/.
Denn weil Christus deß Gsetzes end/
Der Fluch hört auff/Gnad ist da bhend.

Ex.34.v.33
2.Cor.3.v.
13.

Rom.10.v.4
Gal.3. v.13.

DOMI-

DOMINICA XVIII. TRINITA-
TIS, Evang. Matth. 22. ℣. 34.

VELAMINE NEMPE REMOTO

II. Cor. III. V. XVI.

En Sol Iustitia prodit, velum removetur,
 Per Jesu meritum gratia aperta patet.
Ad te confugio, pro me qui singula legis
 Puncta implevisti. Christe benigne juva!

M iij

So wird man loß/
Der Kranckheit groß.

Pſu.22.v16 IN der Lufft allhie schwebt ein Hertz/
Dz wie ein Scherb verdort mit schmertz.
Pſ.102. v. 5. Ein krancken Menschen zeigt das an/
Der sein Brodt nimmer essen kan.
Der Rauch der auß dem Hertzen steigt/
Syr. 38. v.9. Deß Krancken sein Gebet anzeigt/
Pſal 6. v.3. Welcher innbrünstig rufft zu Gott/
Daß er ihn heyl/helff auß der noth.
Die Schlangen ligend auff der Erdn/
Iac 5. v.16. Lehrn/so jemand gesund will werdn/
Muß er sich vor exonerirn/
Deß Hertzen Gifft gantz deponirn.
Wo das gschicht/steht ein Zweig darbey/
Syr 38. v.1. Der deut die leiblich Artzeney/
Die nimpt ein Patient in acht/
Dieselbig keines wegs veracht:
Wo man kranck also procedirt/
An Leib vnd Seel wird man curirt.

DOMI-

DOMINICA XIX. TRINITA-
TIS, EVANG. MATTH.9. ℣.I.

S Erpens exonerat se: tu depone venena
 Cordis, & ad Dominum dirige vota poli:
Respue nec medicos: & sic medicina juvabit,
 Sic sanus fies corpore, sic animâ.

Das

Das Vnglück dein/
Dein schuld allein.

JN Brunnen sihst hie abgemalt/
Darumb drey Schlangen vngestalt/
Der Brunn die Höllen zeiget an/
Die nimmermehr voll werden kan.
Die Schlangen/die kalter Natur/
Lehren dich diß in der Figur:
Daß die Leut so die Höllen bawen/
Den schaden Joseph gar nicht schawen/
Es schläfft die Freundschafft so da alt/
In ihrem Hertzn die Lieb erkalt:
Wie eine Schlang die Ohrn verstopffn/
Ob man gleich rufft/vnd thut anklopffn.
Diß zeiget dir der Mann allhie/
Den du sihst ligend auff dem Knie/
Der opffert nach der Heyden brauch/
Gibt seinem Netz vnd Garn viel Rauch/
Weil er hierdurch fett worden ist/
Darumb er auch deß Liechts vergist/
Dardurch ihm Gott sein Gnad anbeut/
Weil ers aber veracht allzeit/
Darff er die Straff vnd ewig Pein/
Niemand schuld gebn denn ihm allein.

Apoc.9 v.2.
Pro.27.v.20
Plin.l.10.c.
72.

Am 6.v.6.

Matt.24.v.
12.
Psa.58.v.5.

Pro.1.v.24.

Hab.1.v.16.

Psal.119.v.
104.
2 Pet.2 v.19

DOMI-

DOMINICA XX. TRINITA-
TIS; EVANG. MATT. 22. V. I.

TIBI CAVSSA DOLORIS IPSI. Ofe. XIII. V. IX.

T Artareum in barathrum ne conjiciare, prehende
   Lucem, audi CHRISTI dogmata, & hæc sequere.
Si facies secus, hanc aliis tribue, atq, tibi-ipsi,
Culpam. Tu vita causa necisq, tibi.

27   Anfech-

Anfechtung lehrt/
Daß man Gott hört.

WEr Haußcreutz will ein Bildnuß han/
Mit fleiß diß Gmäl er sehe an:
Ein Kälter da man preßt den Wein/
2.Sam.16.v 8. Wird dir allhie gezeiget fein.
Ioh 16.v.33
Luc.21.v.23 Lehrt daß der Ehstand nichts nit sey/
Denn Creutz vnd Leiden mancherley/
Psal.6.v.7. Da Thränen werden aufgepreßt/
Psa.42.v.4 Der mancher Ehegatt tausent läßt.
Aug.in lib. 80 hom.8. Gleichwol vmbsonst sie nicht weggehn/
Drey Bäumen bey der Kälter stehn:
Den Glauben der erst Baum zeigt an/
Daß im Haußcreutz getrost ein Mann/
Sap.3.v.6. Weiß wie das Gold auff dieser Erd/
Syr.2.v.5. Allein durchs Fewer wird bewert:
Also der Ehstand prüfft will seyn/
Durch Creutz vnd Hertzenleyd allein.
Rom.5.v 5. Der ander Baum die Hoffnung zeigt/
Die gwißlich hält/vnd nimmer leugt/
Hoffnung läst nicht zu schanden werdn.
Der dritt Baum steht hie in der Erdn/
Die Lieb gegen Gott dieser weist/
Rom.5.v 5 Die er in vnser Hertz aufgeust/
Rom.8.v 39 Von welcher Lieb vns niemand scheid/
Kein Creutz/kein Pein noch Hertzenleyd.

DOMI-

DOMINICA XXI. TRINITA-
TIS, EVANG. JOH. 4. Ⅴ. 47.

AD JOVAM ANGUSTIA DUCIT

Eſai. xxviii. Ⅴ. xix.

Torculum ut emittit, preſſis, vinum liquidum, uvis.
  Sic ſalſas promit ſæpe torus lacrumas.
Sed, cui certa fides, firma & ſpes, quiq́ JEHOVAM
  Diligit ex toto pectore, victor ovat.

N ij   Rach:

Rachgier allzeit
Bringt Hertzenleyd.

JM Topff ein Hertz hie ligen sihst/
Welchs mit Schlangen vmbgeben ist:

Esa.57.v.20   Ein Rachgierigen zeigt es an/
Der nimmermehr Fried haben kan/

Iob 41.v.11.   Rauch vnd Dampff auß der Nasen geht/
Zittert vnd tobt wie Sathan thet.

Esa.14 v.11.   Drumb hat er kein fried in seim Gwissn/
2 Macc.9.v. 9.   Würme sein Beth vnd Deck seyn müssn.
Mit Ketten ist der Topff gebundn/

Matt.22.v. 13.   Zeigt an die ewig Marter stundn/
Syr.7. v.19.   Da Rachgier wird leyden groß Pein/
Vnd nimmer wird kein retten seyn.

Ecc.10.v.20   Die Vögel so gen Himmel fliegn/
Zu wissen sie dir diß anfügn:

Psa.79. v.11   Daß die seufftzer der Hertzen frumb
Auffsteigen/ vnd nicht kommen vmb/

Psal 12.v.6.   Daß Gott drein seh solicitirn/

Matt.18. v. 23.   Welchs er denn nicht kan denegirn/
Wie am Mitknecht zu sehen ist/
Für Rachgier hüt sich jeder Christ.

DOMINICA XXII. TRINITA-
TIS, EV·ANG. MATTH. 18. ỳ. 23.

Vindicta cupidum furiis agitatur acerbè
  Vsq̃, cor. imo omni triste quiete caret.
Transcendunt gemitus pressorum limen Olympi.
  Vindictam fugiat qui velit esse pius.

N iij   Wer

Wer Gott bekennt/
Hats Creutz zur Hånd.

Ein Buch allhie steht auff der Erd/
Darauff der Nahmen JESV werth:
Die heilig Schrifft zeigt diß Buch an/
Darinn geschrieben von dem Mann.
Den HERRN jeder Christ bekennt
Mit seinem Mund/ihn gerne nennt.
Zwo Hånd sind in einander vest/
Zeigen daß Einigkeit das best/
Gleich wie ein Gott/ein Glaub/ein Tauff/
Diß soll seyn åller Christen Lauff.
Die Sonn mit ihren Stralen rein
Lehret/Gott woll bey solchen seyn/
Die einig/woll sie animirn/
Daß sie kein Schreck müg perturbirn.
Ein Creutz vnd Peitsche ligt zur seit/
Verfolgung dir dasselb andeut/
Wer Gott bekennt/die Warheit sagt/
Wird gwiß verfolgt/vnd sehr geplagt.
Drumb wilt du Christi Jünger seyn/
So schick dich nur bey zeit darein.

Ier 30. v 2
Ap.22.v.7
Psa.40.v.8.
Mat.10.v32
Rom.10.v.
10.
Eph.4.v.4.
Eph.4.v.5.
Ioh.17.v.11.
Luc.24.v.
49.
1.Pe.3.v.14.
Ioh.15.v.21.
Pſ116.v.10

IN FESTO SIMONIS ET IVDÆ,
EVANG. JOH. 15. V. 17.

U *Nus uti* DOMINUS, *Baptisma unum, una Fides*,
  Vnanimes seruos sic decet esse DEI.
Qui quandoq; licet persoluant sanguine pœnas
  Mundo, horum vincet spes tamen atq; fides.

Der argen Tück
Gehn all zu rück.

In Trichter hie zu sehen ist/
Der anzeigt der Gottlosen list/
Die sich mit Stricken zsam verbindn/
Damit sie etwas mögen findn/
Wider den grechten in dem Land/
Daß sie an jhn legen die Hand/
Mit schmach vnd qual jhn mögen steckn/
Drumb über jhn die Zähn sie bleckn.
Das Schwerdt zeigt Gottes Allmacht an/
Der jhre Strick abhawen kan/
Daß wenn sie bschliessen einen Rath/
Gleich wie ein Wasser der zergaßt/
Das Vnglück das sie andern gmacht/
Kompt auff jhrn Kopff/das wol betracht.
Denn wider diesen HERREN gut
Kein Rath/Kein Weißheit gholffen hat.
Wenns die Feind auffs klügst greiffen an/
So geht doch Gott ein ander Bahn.

Pfa.89.v.4.
Efa.5.v.18.
Ier.11.v.19.
Sap.2.v.19.
Pf.129.v.4.
Efa.8.v.2.
Pfal.58.v.8
Pfal 7.v.17
Pro.21.v.30

DOMI-

DOMINICA XXIII. TRINITA-
TIS, Evang. Matt. 22. y. 15.

A Dversus justum conspirat turba nefanda,
    Electo varias insidiasq; struit.
Illius at funes rumpit Deus ultor; & ibit
    Consilii improbitas in caput artificis.

O   Leben

Leben vnd Todt/
Beydes von Gott.

Cant.2.v. 12.
Sap.2,v.7.

Die Wiesen grün die allhie steht/
Zeigt deß Menschen felicitet/
Die Glori vnd sein Herzligkeit.

Ioh.15.v.16
Der Baum die Fruchtbarkeit andeut/
Daß jeder Mensch zu jedem ziel/
Soll tragen guter Früchten viel.

Pf.103.v.15.
Efa.40,v.6.
1.Pet.1.v.
24.
Iac.1.v.10

Ein Sensen ist an Baum geleint/
Lehrt/wer doch alle Menschen seynd:
Ein Graß vnd Blumen hüpsch vnd schon/
Das bald welck wird/vnd muß davon.
Auß der Wolck geht herfür ein Hand/

Pf.102.v.24
Dieselbig gibt vns den verstand:
Gleich wie man bald ein Frucht abbricht/

Bar.2.v.18.
Also es mit vns Menschen gschicht.
Ein theil der blüt/ein theil verdorzt.

Chry.in lib.
80.hom.4.

Ein alten Stock man sihet dort/
Der wider grünt/lieblich außschlägt/
Vnd viel der guten Früchtlein trägt.
Drumb in Vnglück vertraw deim Gott/
Er herrschet über Lebn vnd Todt.

DOMI-

DOMINICA XXIV. TRINITA-
TIS, Evang. Matth. 9. v. 18.

C Arpitur ut subitò fructus, brevis aufugit omnis
    Vita ita. Sic juvenes cum senibusq, cadunt,
Felices toto qui fidunt pectore JOVÆ;
    Qui Dominus vita, mortis item domitor.

Oij   Wann

Wann nah der Tag/
Ist groß die plag.

EIn Scheiben rund/darnach man schieſt/
In der Figur zu ſehen iſt:
Das end der Welt die Scheib zeiget an/
Daß ſie werd gwißlich vntergahn.
Die Scheib mitten im Waſſer ſteßt/
Zeigt wies am end der Welt zugeht:
Dann wie die Waſſer grewlich prauſſn/
So wird man hören ſeltzam ſauſſn/
Von Krieg/vnd dann von Kriegsgeſchrey:
Vnd wie im Waſſer diß nicht new/
Daß groſſe Fiſch im weiten Meer/
Die klein verſchlingen hin vnd her:
Alſo wirds gehn am end der Welt/
Ein jeder wird thun was jhm gfällt.
Der ſtarck vnd reich wird ſeyn vermeſſn/
Den armen vnd den gringen freſſn.
Der Spieß der hie den Thamm abſticht/
Dich kurtz vnd artlich diß bericht:
Wann auff höchſt kommen alle ding/
Die Lieb erkalt/wird achtet gring/
Wird Chriſtus kommen mit ſeim Tag/
Vnd ein end machen aller plag:
Gemeinglich Moſes maturirt/
Wann man die Ziegel duplicirt.

Matth. 24. v.35.
2.Pet.3.v.10

Pſal 93.v.3.
Mar.13.v.7

Pſa.35.v.25
Pſal 53.v.5

Exo.5.v.14.

DOMI-

DOMINICA XXV. TRINITA-
TIS, EVANG. MATTH. 24. ỳ. 15.

Finis adeſt mundi. totum Mars occupat orbem:
    Et famulantur ei fraus, dolus, invidia.
Tu ſpera in Domino. Te nunquam deſeret: omni
    Sed dextrâ eripiet cunctipotente malo.

O iij   So

So mach ich rein
Die Tennen mein.

Durch das Sieb das hie gmalt im Schildt
Der Jüngste Tag wird abgebildt/
Wie in dem dreschē gmeinglich gschicht/
Daß man gut vnd böß Träid da sicht:
Also gehts in der Welt gemein/
Daß gut vnd böß beysammen seyn.
Der Sack der in dem Schildt hie steßt/
Bedeutet die Felicitet/
Derer die reich/vermögs jhr Hand/
Daß sie die aufftßun allem Land/
Vnd wann vorhanden ist die noht/
Dem hungrigen brechen das Brodt.
Der Holtzhauff der da brinnt dabey/
Zeigt was der Sprewr jhr Loßn dort sey:
Nemblich daß Vnbarmhertzigkeit/
Dort wird brennen in ewigkeit.
Wer nun klug/hie sein Tenn purgier/
Daß jhn dort Gott nicht reformier/
Vnd werffe in den Pful hinein/
Da ewig ach vnd klag wird seyn.

Aug l.2 contra Epistol. Parmen. c.9

2.Pet.2 .v.8

Tob 4.v 9.

Esa. 58. v.7.

Mat.3. v.12
Greg. Nyss.
Es.66.v 24.

Ap.20.v.10.

DOMI-

DOMINICA XXVI· TRINITA-
TIS, EVANG. MATT.25. ℣.31.

G Rana adſervantur : palea danturá, cremanda.
   In cælis pii erunt, impii ad orcum abeunt.
Si ſapis, id benè perpendas, dum veſceris aurâ hâc,
   Pauperibus benefac, præmia JOVA dabit.

Zum

Zum höchsten Gut
Nur durch Demut.

Eſa 48.v.11
Eze.9.v.11

Ein Männlein hie wird figurirt/
Das mit eim Creutz ſich macerirt/
Durch eine Wüſtn in vollem Lauff/
Sich wind den harten Berg hinauff.

Zach 6.v.12

Chriſtum das Männlein zeiget an/
Jemah heiſt er ſonſt Orion.
Den Templ deß Herren wird er bawn/

Matt.16.v.
24.

Daß man da luſt vnd ſchmuck wird ſchawn.

Mar.8.v.34

Sein Demut zeigt das Creutz hie an/

Lu.14.v.27

Dem ſoll nachfolgen jederman/
Ein jeder nem ſein Creutz auff ſich/
Trags Chriſto nach gantz williglich.
Die Sonnenſtraln ſo hindn vnd vorn/

Job 6 v.4.

Andeuten nichts denn Gottes zorn/
Der mit ſein Pfeilen auff vns laufft/
In ſeinem grimm den Geiſt auf ſaufft.
Drumb lieber Chriſt ſey wolgemut/

Phil. 2.v.8.

Siß wie ſich Chriſtus nidrign thut/

1.Pet.2 v 21

Vnd wilt ewig ſein Erb dort ſeyn/
So tritt in ſein Fußſtapffen fein.

DOMI-

DOMINICA I. ADVENTVS,
EVANG. MATT. 21. ỷ. 1.

SEQUERE HUNC. BONA SUMMA PREHENDES.
Phil. II. V. IX.

B Ajulat ipfe crucem pro nobis CHRISTUS, ob iram
  Patris: nos falvos morte facitq́, fuâ.
Sume crucem patiens, qui cum CHRISTO cupis effe:
  Et patere in mundo, quò dominere polo.

p   So

So schaff ich rath
Durch Gsetz vnd Gnad.

Durch das Meer so vngstümb vnd wild
Die Welt allhier wird abgebildt.

Matth.13 v.
48.

Dann wie in dem Meer allzeit seyn
Gut vnd böß Fisch/auch groß vnd klein:
Also gehts in der Welt auch her/

1.Pet.3.v 20

Der guten weng/der bösen mehr.
In der Welt ist vnbständigkeit/

Syr. 13. v.25
Mat.7.v.25

Der reich der schwebt/der arm der leit.
Der Felß der in dem Meer hie steht/
Bedeut der Kirchen Firmitet/

Matth.16.
v.18.

Die ist gebawt auff Jesum Christ/
Drumb sie vnüberwindlich ist.
Auff dem Felß allhier steht ein Mann/

Andreas h.
e. viridis.
Mat.11.v.7

Das Predigampt derselb zeigt an/
Daß der so die Kirch will regiern
Ein Mann soll seyn/nichts lan movirn/

Act.2.v.41.

Der Hamm deuts Evangelium/
Damit fäht er viel Fischlein frumb:
Der Angel in der einen Hand/
Gibt eygentlich deß Gsetzs verstand/

Rom.4.v.15
Gal. 3.v.24

Dasselbig schmertzt/es reist vnd beist
Den Sünder groß zu Christo weist.
Ein Schlagbruck allhie hängt dabey/
Zeigt/daß Gott endlich mache frey
Sein Diener trew/von der Welt böß

2.Tim. 4.v.
18.

Von allem übel sie erlöß.

IN FE-

IN FESTO ANDREÆ,
EVANG. MATT. 4. ℣. 18.

E ST *mundus pelagus : sunt piscium ad instar homulli.*
   Lege malus capitur; gratiâ, at ecce, bonus.
Perfer, & obdura, CHRISTI *piscator in orbe:*
   En, quondam sudor proderit ille Tibi!

Pij   So

So fångt allzeit
Der Teuffl die Leut.

Ein Vogler in der Hütten gut/
Mit Garn den Vögeln stellen thut/
Der Teuffel wird hierdurch andeut/

Gen 3. v.5.
2.Cor.11.v.3
Der listig vnd voll gschwindigkeit/

Ap.12. v. 9,
Ose.7.v 11.
Kan lieblich pfeiffn vnd fistulirn/
Damit die Christen zu verfůhrn.
Der Rab den auff dem Baum du sihst/

1.Thess.5. v.
3.
Der Sicherheit ein Fůrbild ist/

August.de
Temp ser.
164.
Wann die gottlosen Cras nur schreyn/
Sich nimmermehr durch Buß vernewn/

Ps.95.v 8.
Ebr.4. v.7.
Auffs Hodiè nicht geben acht/
Biß daß sie vntergehn mit macht.
Ein Rotkeel ist zur andern seit/
Die ist ein Bild der Trunckenheit/

Esa 5. v 12.
Wann man deß morgens frü auffsteßt/
Vnd alsbald zu dem sauffen geht/
Groß vnd klein Trinckgschirr máchet leer/

Prov.23.v.
29.
Da kommen rote Augen her.
Die Bachsteltz so nicht stillstehn kan/
Die eytlen Sorg sie zeiget an/
Wann man zu geitzigen sich gsellt/

Sap.15. v.12
Diß Leben fůr ein Jahrmarck helt/
Durch bóse stuck Gewin man sucht/
Vertrawt Gott nicht/ vnd wird verrucht/

Mat.6. v 31
Da hórt man vngedultig klagn/
Was werdn wir essen/thun sie sagn?
Das sind die Garn damit allzeit/
Der Teuffel hat gfangen viel Leut.

DOMINICA II. ADVENTVS,
EVANG. LUC. 21. ℣.25.

STYGIVS SIC NOS PETIT AVCEPS
Eccl. IX. V. XII.

B Landisono volucrem cantu ceu decipit auceps,
　Illecebris mundi sic homines Satanas.
Liber ut effugias, hodie sine crimine disce
　Vivere: nec differ. Cras minus aptus eris.

p iij　　　　　Die

Die Warheit schon/
Hat stets den Lohn.

MIt Leinwat angethan ein Weib/
Dardurch man sihet jhren Leib.
Die Warheit wird damit andeut/
Die rein vnd sauber allezeit.
Jhr Augen die sind jhr verbundn/
Kein Arm werden an jhr gefundn:
Lehren/ daß sie kein Gschenck nem an/
Seh auch nicht an einig Person.
Das Schloß auff der Brust zeigt zur stund/
Sie laß jhr nicht sperren den Mund/
Wie man dann sonst der Warheit frumb/
Will auflegen Silentium.
Auff Wermut ein Gefäß hie steht/
Zeigt wies der lieben Warheit geht:
Mit Wermut wird sie allzeit gspeist/
Man schilts vnd lästerts allermeist.
Das Gitter das hie ligt dabey/
Zeigt/ was der Warheit wohnung sey:
Nemblich/daß sie muß leyden noth/
Vnd gspeist werden mit Thränenbrodt.
Die Bahr der Warheit end zeigt an/
Wann sie das Maul nicht halten kan/
Vnd sich nicht weiß zu moderirn/
Thuts drüber jhren Kopff verliern.

Eph 6. v.14

1 Cor 5.v.8

Deut 10.v. 17.
2 Chr.19.v. 7.
Psa.40.v.10.

Am.5.v.13.
Mich.2.v 6

Iere 9.v 15.
1.Cor.4.v. 12.

1.Reg.22.v. 27.

Mat 14.v 8
Mar.6.v.28

DOMI-

DOMINICA III. ADVENTVS,
EVANG. MATT. II. Ỿ. 2.

HÆC FALSI GRATIA MVNDI.
Ps. CXVI. Ỿ. X.

Q Visquis amat Verum, non munera curat iniqui:
    Nec ditem tollit, nec miserum reprimit.
In mundo sed qua professis-Vera refertur
    Gratia? crux, carcer, nexq parantur eis.

Das

Das ist der Weg/
Kein andrer Steg.

Joh 4. v. 19.　JM Thal ein Bawrenhüttlein klein/
　　　　　　Ist in dem Gmäl zu sehen fein/
　　　　　　Dasselbige das zeiget an/
Was sey der Welt Condition:
Psa 93 v. 3.　Dann wann die Wasser sich ergiessn/
Eccl. 1. v. 7.　Allsampt im Thal zusammen fliessn:
So ist diß Leben überall/
Psa 84. v. 7.　Nichts denn ein lauter Thränenthal.
Gal 2. v. 16　Der Berg mit seiner Spitz allhie
Esa. 58. v. 3.　Zeigt was die Gleißner han für müß/
Mit ihren Wercken wollen steign/
Ps 119. v. 105　Die Seligkeit hierdurch erreichn.
Der Wegweiser/das Horn auch krum/
Marc 16. v.　Zeigt/ dir das Evangelium/
15.
Esa. 55. v. 1.　Das all arm Sünder zu sich heist/
Matt. 11. v.　Vnd ihn den Weg zum Himmel weist.
28.
Ferners sihst hie ein Wandersmann/
Ebr. 13 v. 14　Lehrt/ daß wir hie kein bleibens han.
Phil. 3. v. 14.　Drumb jag nach dem fürgstecketen ziel/
Wer in den Himmel kommen will/
Esa 30. v 21　Weich nicht zur rechten noch zur linckn/
Daß er nicht ewig thue versinckn.

DOMI-

DOMINICA IV. ADVENTVS,
EVANG. JOH. I. ℣. 19.

VIA SOLA HÆC DVCIT AD ASTRA

Esa. xxx. ℣. xxxi.

Vita quid est hominum? Lacrumarum vallis: in illa
  Errat, confidit qui propriis pedibus.
Greßus CHRISTE meos Tu dirige. ne titubem da
  Ad lævam aut dextram, sed teneam medium.

  Sie

Sie thut kein Leyd/
Verschonet beyd.

Luth.T.4.
Wit lat.f.
237.

Das zbrochen Rohr das du hie sihst/
Ein Gmäl deß bösen Gwissens ist/
Wann in demselben Brandmal seyn/

1.Tim.4.
v.2.

Deß ärgsten sich versiht allein.

Sap.17.v.11
August.l.1.
Conf .c.12.

Kein grösser schmertz ist zu der stund/
Dann wann das Gwissen ist verwund/
Es quelt die Seel/druckt zu der Erd/

Ambr.l.5.
Epi.18.

Bringt zeitlich vnd auch ewig gferd.

Esa 43.v.17
Mat.8.v.26
Matt.14.v.

Das glimmend Tacht so dabey steßt/
Lehrt deß Glaubens infirmitet/

31.
Mar.9.v.24

Die viel Heiligen gfület han/

Ose.11 v.8.-

Wie die Schrifft zeigt Exempel an.
Die beyden Fäust so zsammen druckt/
Vnd dieser beyder keins verruckt/

Mal 3.v.17.

Dieselbige diß lehren dich/
Wie Gott mit straffen halt an sich/

Thr 3. v.23.

Daß er gnädig/barmhertzig sey/
Vnd seine Güt all morgen new.
Die Sonn sein Angsicht dich thut lehrn/

Esa.66.v.2
Esa.57. v.
15. 18.

Daß der HErr sich zu den woll kehrn/
Welche da haben zbrochne Hertzn/
Den wöll er heylen allen schmertzn/
Drumb hast begangen viel der Sünd/
Find dich zu diesem HErren gschwind.

IN FE-

IN FESTO D. THOMÆ,
EVANG. JOH. 20. V. 24.

NUMQUAM DESERET ADSIS TE

Esa. XLII. N. III.

L Anguescens linum extinguet, vel conteret omnem,
Quassatum calamum savior ira DEI?
Talia permittet numquam ejus gratia! ad hanc cor
O tritum propera, qua nova cottidie.

Q ij   In

In der Wurtzl gantz
Der Christn Sperantz.

Iob 14. v. 8.
Osi. 9. v. 16.
Ein alter Stock gantz vngestalt/
In der Figur ist abgemalt/
Das gschlecht David zeigt der Stock an/
Der bey naß war verdorret schon.

Esa. 11. v. 1.
Rom. 15. v. 12.
Apo. 5. v. 5.
Ein Zweiglein schön/lieblich vnd gut/
Auß diesem Stock herfür sich thut/
Mariam diß Zweiglein bedeut/
Die Christum hat geboren heut.

Phil. 2. v. 6.
Psa. 22. v. 7.
Bernh ser. 3.
de Adv.
Dom.
Der Seidenwurm da in dem Sieb/
Lehrt dich deß Herren Christi Lieb/
Daß ob er wol Göttliches Ordn/
Dir zu gut ein arm Würmlein wordn:
Darüber sich die Engelein
Entsetzen gleich/vnd frölich seyn/
Daß sie auff Erd den sehn in nötn/
Den droben all Engel anbetn.

Esa. 1. v. 4.
Der Schmid der in der Werckstatt steht/
Zeigt die Frucht der Nativitet/

Es. 32. v 17.
Esa. 9. v. 6.
Phil. 4. v. 7.
Daß die Frucht ewig Fried werd seyn/
Drumb Frieden Fürst er heist allein.
Der Fried all Vernunfft überschreit/
Ihm sey Lob/Preiß in ewigkeit.

IN

IN FESTO NATIVITATIS
CHRISTI, Luc. 2. ⅟. 1.

MEA SPES HIC SURCULUS ESTO

Rom. XV. ⅟. XII.

SVrculus ex trunco surgit : de stemmate Iesse
    Ex verâ JESUS virgine natus adest.
O salve pacis Princeps, salve Pater avi,
    Te chorus angelicus, Te pia turba canit.

All Heyl allein/
Hierundr muß seyn.

Im Glückhenn ist hie figurirt/
Christum Jesum sie præsentirt/

Matth.23.
v.34.
Denn wie ein Henn ihr Küchelein/
Bedeckt mit ihren Flügelein/

Psa.17.v.8.
Psal.57.v.2.
So thut vns auch der fromme Gott/
Er schützt vnd deckt vns in der Not.
Ein alt Capell steht an der seit/
Der Juden Synagog bedeut/

Act.7.v.51.
Die gleich wie auch ihr Vätter lebn/
Dem guten Geist stets widerstrebn.

Bernh ser.in
Psal.15.
Ein Basilisck steht an der Thür/
Der zeigt der Juden boßheit dir:
Denn wie ers Gifft in Augen hat/

Matt.3. v 7.
Damit verletzet frü vnd spat;

Luc.3.v.7.
Solch Schlangenart die Juden seyn.
Drumb ist das Tach auch gfallen ein/
Daß nun ein end ihr Regiment/

Zach.7.v.
14.
Zerstrewet sind in alle end.

Esa.46.v.
11.
Die Geyer die fliegen vmbher/
Weisen wo ihr Feind kommen her/
Die müssn verrichten Gottes Willn/
Hierdurch sein grechten zorn auch stilln.
Drumb wilt secur vnd sicher seyn/
Gib dich vnter die Flügel rein.

IN FE-

IN FESTO D. STEPHANI,
EVANG. MATT. 23. V. 34.

SIC LATITARE SALUTIS

FONS

Mal. IIII. X.

PRotegit heic teneros pullos, gallina sub alis,
   Vultur eis possit ne nocuisse rapax.
Si fugis ad CHRISTUM, numquam Basiliscus averni
   Te ladet, cum te protegat ala DEI.

Der Stein hie gsetzt/
Heylt vnd verletzt.

Pf.118.v.22
Act.4 v.11.
Rom.9.v.33

Vrch den Eckstein wird abgebildt/
Dein Heyland fromb/ der nichts denn
mildt/
Welcher von Gott ist auserkorn/
Daß er zu ein Grundstein ist worn.
Auff diesem Stein da steckt ein Creutz/

Eph.2.v.16.
Col.1.v.20
Ebr.12.v.2.

Bedeut sein Leyden allerseits/
Daß er durchs Creutz hat Fried gemacht.
Ferners in der Figur betracht/

Pf.38.v.5.

Mit einer schweren Bürd ein Mann/
Der ligt zur Erd/nicht stehen kan:

Rom.4 v.15
Ora. Man.
v.9.
1.Pet.2 v.4.
Mat.11.v.
29.
Rom.5.v.1.

Der findt im Gsetz durchauß kein Ruh/
Darumb kreucht er zum Creutz herzu/
Ergreifft den Eckstein mit der Händ/
Darauff sich bald all vnruh wend/
Durch Christum hat er Fried mit Gott/
Ist außgsöhnt/ hat weiter kein noth.

Pfa.2.v.11.

Die Hummeln so hierumb da schwebn/
Die Feind sie zuverstehen gebn/

Act.4 v.26.

Wie die Tyrannen/so entwicht
Sich haben an den Eckstein gricht/

Chryf.serm.
26. de Pent.

Willens solchen zu ruinirn/
Ihr meynung hat sie thun fallirn/

Efa.2.v.22.

Daß sie die Köpff zerstossen han/
Vnd diesen Stein mit frieden lan.

DOMI-

DOMINICA POST NATIVIT.
EVANG. LUC. 2. ℣. 33.

Hic lapis est, ad quem si confugis, inde salutem
Sentisces: leue erit mox onus omne tibi.
Contra illum sed si vis calcitrare, peribis
Succumbens miserè, cumq́, pudore, statim.

X   Wie

Wie Salben gut/
So dein Nam thut.

Rom.8.v.10.
Ebr.9.v.27.

JVr Erden ligt hie todt ein Mann/
Lehrt der Menschen Condition/
Daß wegen der Sünd grosse noth/

Psf.89.v.42. Der Leib auch schmecken muß den Todt.

Ambr.l.1. Ein Palsambüchs im Lufft allhier/
de Sp S. c.7. Dieselbig den verstand gibt dir.
Ansh.de mi
ser hom. Was Jesu Nam für Tugent hab/
Wie er den Sünder quick vnd lab.

Psa 22.v.23 Die Hand so hie den Deckel weist/
All Sünder zu dem Namen heist/
In keinem Nam kein heyl sonst ist/

Act.4.v.12. Denn nur im Namen Jesv Christ.

Bernh.ser. Wilt nun in Sünden desperirn/
15.sup.Cant Das Leben dir selbst abbrevirn:
f.144.b. Ruff an deß Lebens Namen gschwind.
Dein Hertz gwiß Trost vnd Labsal findt.
Schrey: Jesu wie dein Name heist/
Mir jetzund hülff vnd beystand leist/
Sey mir ein Jesus/ hilff mir bhend/
So bleib ich bständig biß ans end.

IN FE-

IN FESTO CIRCVMCISIONIS,
EVANG. LUC. 2. ℣. 21.

QUAM DULCIA NOMINA IESU.

Cant. I. V. III.

Sīe ſtat: mortales omnes moriamur, oportet.
Peccatum noſtra eſt unica cauſſa necis.
Ne pereas totus, ſed poſt tua funera vivas,
In JESV ſpes ſit nomine cuncta tibi.

Rij   Jung

Jung das Joch trag/
Folg Christo nach.

Eſa.9.v.6.
Ebr.2,v.19.
Act.4.v.27
Gen.3,v.15.

IN einer Kripp hie ligt ein Kind/
Zu welchem ſich ein Schlangen findt:
Chriſtum das Kind allhier bedeut/
Mit dem die Schlang hat jmmer Streit/
Die will ſich an dem Kindlein rechn/
Vnd daſſelb in die Ferſen ſtechn.

Pſ.91.v.11.
Ebr.1.v.14.
Mat 4.v.11
Mar,1.v.13.

Ein Engel zu nechſt ſteht dabey/
Zeigt was jhr Ampt vnd Pflicht dann ſey:
Nemblich weils dienſtbar Geiſter ſind/
Daß ſie auffwarten dieſem Kind/
Vnd jhm die Schlang nicht bring gefahr/
Auch nicht mög krümmen einig Haar.

Mat.8.v.20
Luc.9.v.58.
Pſ 22.v.14.
Phil.2.v.8.

Drey Creutz allhier zur ſeiten ſtahn/
Zeigen diß Kindes Zuſtand an:
Armut/Schmähwort/vnd dann der Todt/
Thr,3.v.27.
Hat gwart biß in die letzten not.
Drumb liebes Kind folg Chriſto nach/
Dein Joch bald in der Jugendt trag/
Act 14.v 22
Nimbs Creutz auff dich/ vnd ſchick dich drein/
Es muß doch hier nur gliden ſeyn.

DOMI-

DOMINICA POST CIRCVMCIS.
Evang. Matth. 2. ℣. 19.

A Teneris assuesce cruci, patere, atq; jugum fer.
A puero JESUS quàm mala multa tulit!
Ne tamen ante diem noceat, cavet angelus, anguis.
Est turba angelica cura fovere pios.

R iij   Wanns

Wanns ohn verstand/
Ist eytel Tand.

Bar.4. v.1.
Deut.17. v.
18.
Rom.3 v 2.
Matth.23.v
2.
Mal.2. v.7.
Bu.11.v.46

Auff einem Pult hie ligt ein Buch/
Zeigts Gsetz vnd die Propheten klug/
Welches von Gott vertrawet war/
Der Juden vnd der Priester schaar/
Daß sie solten dasselb bewahrn/
Nicht zu streng mit den Leuten fahrn.

Auß der Wolck geht herfür ein Brill/

Rom.12. v 6
2 Pet.1. v.
21.

Zeigt wer die Schrifft außlegen will/
Sein eygne Gloß nicht selbst muß ehrn/
Sondern sein Schrifft durch Schrifft erklärn.

Esa.6. v.10.
Matth.13.v
14.

Das Hertz in der Leuchten allhier/
Der Juden blindheit zeiget dir/

Phil.Iud. in
hb.Q. & Sol
in Gen.f.63

Ihr Gottesdienst ist eytel Tand/
Vnd lesen die Schrifft ohn verstand/
Können durchauß nichts discernirn/
Vnd thun nur wie die blinden rührn.

Syr.1. v.36.

Drumb wilt daß dein Dienst angnem sey/
Dien Gott dem Herrn ohn heucheley/

Act.16.v 14

Bitt daß er dir das Hertz aufftzu/
Vnd du im Glauben nemest zu.

IN

IN FESTO TRIVM REGVM,
EVANG. MATTH. 2. ℣. 1.

SIT VNICA REGVLA VERBVM.
Esa. VI. N. IX.

*V*IS *servire* DEO *rectè; omnis hypocrisis absit.*
Augeat usq̃ tibi, vota fer, Ille fidem
Regula dein Scriptura tibi, non propria glossa,
Sit. numquam Verbum, fallere glossa potest.

Fein Jung gebogn/
Heiſt recht erzogn.

Ein Gärtner der ſein Bäum auffbindt/
Allhie in dieſem Gmäld man findt:
Der lehret dich die Fruchtbarkeit
Damit Gott ſegnet die Eheleut/
Daß ihre Söhn vnd Töchter ſchon/
Wie die Pflantzen auffwachſen thon.
Die Kinder ſoll man nicht verwehnen/
Vnd die fein in der Jugent zähmen.
Dann wie mans jung gar fein flectirt/
Alſo bleibts nachmals wanns alt wird.
Der Mann der hie das Waſſer läit/
Den Eltern dieſe Lehr andeut/
Daß ſie mit gut Exempel ſchön/
Den Kindern ſollen ſtäts fürgehn/
Denn was man an den Eltern ſicht/
Das Kind ſein Leben darnach richt.
Die Sonn zeigt Gottes Gnade an/
Dann wie vmbſonſt pflantzt jederman/
Wo Gott der Herr nicht jederzeit/
Zur Arbeit das gedeyen geit:
Alſo iſts mit der Kinderzucht/
Wenn man darumb Gott nicht erſucht/
So wird man vmbſonſt laborirn/
Das Gwiſſen auch nur onerirn/
Drumb beug vnd bet von Jugent auff/
So weiſt deim Kind den rechten Lauff.

Gen 9. v. 1.
Pſ 144. v. 12
Pſa 128. v. 3.
Syr. 30 v. 8.
Syr 7. v. 25.
Prov. 22. v. 6
Sap. 8 v. 20.
Pſa 34. v. 12
Eph. 6. v. 4.
2. Mac. 6. v. 28.
1. Cor. 3. v. 7
11. Chr. 30. v 19.
Iob. 1. v. 5.

DOMI-

DOMINICA I. POST EPIPH.

EVANG. LUC. 2. ẏ. 41.

Svrculus ut crescit, sic crescit gnatus: & olim
    Talis erit, qualem flexeris à puero.
Vis pius evadat, pius esto quoq, ipse; TRIUNI
    Vota fer; & fiet sic tuus, ecce, pius!

                                                 Ein

Also ich üb/
Die so ich lieb.

Iob 21.v. 12
Ein Wirtshauß ist hie abgebildt/
Das da ein Stern führt in dem Schildt:
Psal.40.lv.6
Ein Bild der jungen Eßleut ist/
Die jhn einbilden jeder frist/
Psa.30. v 7.
Der Ehstand ein wolleben sey/
Da man der frewd hab mancherley.
Bald sprenget dort ein Creutzherr her/
Der bringet wunderliche Mähr/
1.Cor.7. v. 28.
Zeigt daß der Ehstand sey zwar gut/
Ex 4.v.26.
Den aber Gott versaltzen thut/
2.Sam.6.v. 26.
Mit Creutz vnd auch mit Trübsal groß/
Tob.2. v.10
Die geben manchen Hertzenstoß.
Der Heerwagen lehrt Patientz/
Die muß regieren in der Grentz/
Gal.6.v.2.
Daß eins deß andern Last fein trag/
Vnd in dem Stand ja nicht verzag.
Syr.27. v 12
Der Mond hie die abwechßlung lehrt/
Tob.3. v.21
Psa.7.j v.20
Wie Gott all ding zum besten kehrt.
Nach weinen überschütt mit freud/
Hilfft auß Trübsal vnd Hertzenleyd/
Lest ein der angst erfahren viel/
Doch endlich drauß erlösen will:
1.Cor 10. v. 13.
Nicht über vermögen auflegt/
Sondern schafft daß mans legt vnd trägt.

DOMI-

DOMINICA II. POST EPIPH.
EVANG. JOH. 2. ℣. I.

H Eic fausto natos credunt se sidere, at illis
    Nuncia fert Cruciger, quòd mala mista bonis.
Quid tùm? desperare nefas. Se Cynthia mutat:
    Fit quoq; sors levior qua gravis ante fuit.

𝕾ij   𝕹ur

Nur selbsten bald/
Oder mit gwalt.

Daß alls Vollauff vnd Müssiggang
Alls übels sey stets ein anfang/
Sodomam vns die Schrifft stellt für.
Denn gleich wie ein geweidet Thier
Springt vnd leckt/ treibt mutwillens viel/
Also/ daß wann mans zähmen will/
Peitschen vnd Zaum man brauchen muß/
Vnd obs ihm gleich ist ein verdruß:
Also wenn man auß übermuth
Nichts dann Sünd vnd Schand treiben thut/
Schickt Gott mancherley Kranckheit her/
Damit das Fleisch gezüchtigt wer/
Zu Gott sich find mit Buß geschwind/
Erkenn sein mannigfaltig Sünd.
Ein Büchß wird da geweiset gut/
Die Hülff deß Herren zeigen thut/
Der ist der Artzt vnd Wundermann/
Der schlagen vnd auch heylen kan/
Verbindt den schaden durch sein Wort/
Hilfft zeitlich hie/ auch ewig dort.
Drumb hast gsündigt/ find dich her bald/
Daß er nicht müsse brauchen gwalt.

Ezech.16. v
49.
Ier.5.v.8.
Ose.13 v 6
Ier.46.v.21

Psa.32.v.10
Pro.26.v.3.

Ier.31.v.18

Ex.15.v.26
Osea 6.v.1.
Esa.30.v 26

1.Cor.11. v
30.

DOMI-

DOMINICA III. POST EPIPHAN.

EVANG. MATTH. 8. ℣.1.

CVrrens per campos flagris bos cogitur, ultrò
 Dum non officium vult obiiſſe ſuum.
At tu, ſi mundus te veri à tramite traxit,
 Ne ſit opus ſævo verbere, ſpontè redi.

ᵹ iij   Deß

Deß Unglücks Bschwerd
Nicht ewig wärt.

IN der Figur ein Hertz ist gmalt/
Daſſelbig hat der Kirchen gstalt:

Oſe.2. v.19
Pſal 98. v 2
Mich.6.v.8

Der Gott als seiner lieben Braut
All' seinen Willen hat vertraut.
Das Hertz schwimt in dem Meer allhier/
Hierdurch wird angedeutet dir/

Ioh.15.v.21
Pſa.42. v.9

Daß die Kirch die Christum erkennt/
Auch nach seim Namen wird genennt/
Allzeit der Anstöß habe viel/
Da jeder Ritter werden will/

Pſa.93.v.9.

Wie Meereswellen sie anlauffn/
Und gantz und gar wollen erſauffn.
Die Sonn die was verdunckelt ist/

Eſa.54 v.8
Mich.3.v.4

Zeigt was Gotts Brauch zu jeder frist:
Daß er sich in Verfolgung schwer
Zu zeiten von sein Christen kehr/
Daß er dieselben woll probirn/
Sein hülff hierdurch zu implorirn.
Ein Ring geht auß der Wolcken her/
Der gibt den Christen diese Lehr/

2.Reg 19. v
28.
Act.9. v.4.
Pſ.55. v.23.

Daß Gott den Feinden seines Worts/
Wiß einzulegen jedes orts
In ihr Naſen ein starcken Ring/
Daß jhn jhr sach nicht allmal gling/
Drumb ist der unruß viel auff Erd/
So denck daß es nicht ewig wärt.

DOMINICA IV. POST EPIPHAN.
Evang. Matth. 8. ÿ. 23.

FLuctuat in medio mare cor, Ecclesia diris
  Immundi mundi fluctibus obruitur.
Exora dominum, finem dabit ipse secundum.
Differt, non aufert nam bonus auxilium.

Deß

Deß HERREN brauch:
Er nimbt/gibt auch.

Jn Kugel rund man hie sicht stahn/
Dardurch die Welt gezeigt wird an/

Math 13. v. Darinnen gut vnd böse seyn/
25,
August l. Wie vns die Schrifft diß lehret fein.
cont. Ep.
Parm. c)o. Wann man aber mit fleiß sißt drauff/
1.10.2 v)6. So ist allzeit grösser der Hauff
Psa.14. v.2. Der Bösen/ die fern von dem Heyl/
Ier 6. v. 28. Sie tügen nichts/ sind nur ein grewl.

Der Mann mit einem Zirckel gut/
Der zugleich ein Buch tragen thut/
Solcher der zeiget Christum an/
Vnd sein Administration/

Esa 40. v)2 Welcher mit einem Dreyling gschwind/
Iob 28. v.24 Begreifft die Welt/ vnd all jhr Kind/
Das Buch lehrt die vnmügligkeit/
Rom.8. v.3. Daß niemal ist gewest kein zeit/
Gal 4. v. 4. Daß man durchs Gsetz hat mögen bstahn.
Gen 3 v.6. Der Baum lehrt die Occasion
I Tim. 2 v. Deß Falls/ da durch deß Teuffels list/
)4.
Syr.23. v.33 Das Weib von Gott abgwichen ist.
Gen.8. v)1 Die Taub so das Oelzweiglein führt/
Gal.3. v.)3. Gottes Gnad sie insinuirt/
Daß durch Christum abgwendt der Zorn/
Als er für vns ein Fluch ist worn.

IN FE-

IN FESTO PVRIF. MARIÆ,

VANG. LUC. 2. ỹ. 22.

S itemꝗ, mali in mundo: pars major at horum.
 Es bonus: ad JESUM confuge, liber eris.
Ex Christi meritis,(nullum quia dura beatum
 Reddere lex poſſit,) gratia ſola venit.

T   Die

Die gottloß Rott
Kompt auch zu Gott.

Gen.6.v 14

AVff dem Waſſer ein Schifflein klein/
Wird allhie abgebildet ſein/
1. Pet.3.v.
.20.
Dardurch die Kirch wird figurirt/
Pſ.124.v.2 Wie wunderlich die Gott regiert.
L#.12. v.32. Dann ob wol der hauff ſchlecht vnd gring/
Hats doch mit der Kirch das geding:
Daß auſſer jhr kein Glück noch Heyl/
Es iſt nur eytel Sünd vnd Grewl.
Vmb das Schiff vil geſchmeiß ſich findt/
Daſſelbig zeigt das gottloß Gſind/
2 Tim.3.v.s Welche von auſſen han ein ſchein/
Tit.1. v.16.
Syr.6. v.23
Kommen auch in die Kirch hinein/
Ezech.33.v Vnd rühmen von der Weißheit viel/
31.
Thut gleichwol jeder was er will.
Ap 9. v.3. Ein Brunnen/darauß geht ein Rauch/
Iſt in dem Gmäld zuſehen auch:
Ap 14. v.11 Die Höll hierdurch wird angedeut/
Da man Qual/ewig Marter leydt/
Vnd gleichwol ſo nicht wird verzehrt/
Wélchs dich der Salamander leßrt.
Syr.j. v.36. Drumb ſih daß dein Gottsforcht nicht ſey
Nur ſchein vnd lauter Heucheley/
Mat.24.v. Sonſt wirſt mit der gottloſen Rott
51.
Dich ſtürtzen in die äuſſerſt Not.

DOMI·

DOMINICA V. POST EPIPHAN.
EVANG. MATTH. 13. ꝟ. 24.

N*Ulla salus extra Domini est Ecclesiam; in hac sed*
Si quis devotè vivit, habet requiem.
Impius econtra, cui sunt delubra JEHOVÆ
Ludibrio, inferni sentiet usq̃ cruces.

Tij   Der

Der Lauff nichts gilt/
Wann Gott nicht gwillt.

IN der Figur ein Bott wird zeigt/
Welcher so gschwind laufft daß er
heucht:
Ein Bild ist er der Heuchler groß.
Denn wie ein Bott sich machet loß/
Von Bürden schwer/auch nicht viel isst/
Damit er fertig jeder frist:

Esa 58.v.5. Also ist auch der Heuchler art/
Mat.6.v.5 Sie fasten viel/vnd leben hart/

2.Pet.2. v. An jhnen selbst ein gfallen han/
10. Das zeigt deß Bottens Spiegel an/
Darinnen sie sich speculirn/
Luc.18.v 11 Andre neben sich contemnirn.

Iob 8.v.13. Aber gring ist der Heuchler Lohn/
Iob 15.v.34 Tragen nur Hohn vnd Spott darvon.
Aug.ser.18. Der Vogel Phœnix der hie sitzt/
ad fra in Der lehrt vns was das neiden nützt:
Ger. Denn wie der Vogel sich selbst tödt/
Pro.14 v.30 Also es mit dem Neid ergeht:
Eccl.4. v 5 Eyter der Neid in Beinen ist/
Vnd frisst sein Fleisch zu jeder frist.

Ps.115.v.3 Ein Hand auß der Wolck geht herbey/
Eccl.9.v.11 Lehrt daß Gott ein frey Wesen sey/
Auff Stärck nicht seh/Weißheit nicht acht/
Sondern wies jhm gefällt/alls macht.

Ier.9.v.23 Drumb wer sich rühmt/rühm sich deß HErrn/
1.Cor.1. v So kompt er hie vnd dort zu Ehrn.
31.

DOMINICA SEPTVAGES.
EVANG. MATTH. 20. ℣.1.

E Cce, ſui perit admirans, dum feſſus eundo:
    Morſus per proprios invidioſus obit.
Talis Hypocriſeos ſolet exitus invidiaᵍ,
    Eſſe: manus Domini ſed benè cunƈta facit.

Laufft nicht leer ab/
Gibt gwisse Gab.

Efa.21.v.8.
Hab 2.v1.
2.Tim.2.
v.4

DVrch die Pastey so hie gemacht/
Der Predigstul fein wird betracht.
Wie auff ein Pastey niemand soll/
Denn er gefall der Herrschafft wol:

1.Tim.3. v.
6.

Also ein Prædicant soll seyn/
In kein Ampt sich selbst drüngen ein.

Efa.6.v.7.
Iere.1.v.9.
Matt.10.v.
20.

Der Stab/ den er führt in der Hand/
Zeigt an deß guten Geists beystand/
Der muß der Diener Hertz regiern/
Vnd jhnen selbst die Wort formirn.
Die Ernstkugel zeiget das Wort/
Dann wie man die von weiten hort:

Pfal.19.v.5

Also solls mit dem Wort auch seyn/
Daß man deß schall hör in gemein:

Mar.3 v.17

Drumb er die Jünger sein mit fleiß/
Zu Teutsch die DonnersKinder heiß.
Die Kugel wird gworffen ins Feld/
Hierdurch wird angedeut die Welt/

Ier.23.v.29

Daß wie ein Kugel operirt:
Also das Wort effectuirt/

Pf.68.v 34

Dein Donner seun Wort gibt er krafft/
Daß in der Christen Hertzen safft/

Efa.55.v.11

Zu jhm das Wort nimmer kompt leer/
Es wird vnd muß einlegen Ehr.

DOMI-

DOMINICA SEXAGESIM.
EVANG. LUC. 8. ỳ. 4.

VIRES OSTENDIT IN ACTV
Esai. LV. ỳ. XI.

L Egitimè fueris si non prius ipse vocatus,
Scandere suggestum pagina sacra vetat.
Ritè sed electus, tunc vocem tolle, popellum
Castiga, nec erit sic sine fruge labor.

Das

Das End bedacht/
Hat viel guts bracht.

JN der Lufft allhier schwebt ein Hertz/
Welchs vulnerirt mit grossem schmertz:
Ein rechten Christen das bedeut/

Der sich zu Christo helt allzeit/
Tracht nur nach dem das droben ist.

Ein fetter Hund/ dem nichts gebrist/
Steht hie dabey/ bellt das Hertz an/
Agirt der Gottlosen Person.

Ein Geisl ist hie zu sehen auch/
Die lehrt was Gott deß Herren Brauch:
Nemblich/ daß er nur exercier/
Vnd seiner Christen Glaub probier.

Die Sonn lehrt Gottes Gütigkeit/
Daß er in schwachen starck allzeit.
Das Grab mit seinen Instrument/
Solchs zeigt an aller Menschen end/
Daß nach aufgstandner Trübsal viel/
Ein jeder Mensch doch hat sein Ziel/
Welchs er nicht überschreiten kan.
Ferner in der Figur sicht man
Ein Wasen/ der da grünet schon/
Der zeigt die Resurrection/
Daß die verdorrt Bein in der Erdn/
Gleich wie Graß sollen grünend werdn.
Drumb lieber Christ nimb deins Ends war/
Es wird dir nimmer bringen gfahr.

Can. 4. v. 9

Ps. 73. v. 28
Col. 3. v. 1

Ps. 22. v. 17
Prov. 9. v. 7

Ps. 38. v. 18

Ps. 94. v. 12

2. Cor. 12.
v. 9.
Ebr 9. v. 27
Iob 14. v. 1
2. Sam. 14.
v. 14.

Esa. 66. v.
14.

Syr. 7. v. 40

DOMINICA QVINQVAGES.
EVANG. LUC. 18. ℣. 31.

HORÆ MEMOR ESTO SUPREMÆ

Syr. VII. & XL.

Dvm ſumus in mundo variis ſumus uſq, periclis
Subiecti, donec condimur in tumulos.
Ex quibus ut rurſùm ſurgamus, Gratia JOVÆ
Sola facit. Quà nos ſemper obumbret. Amen!

D   Auß=

Außtheilung der Newen
Jahr/nach allen Ständen.

Zu hart gespannt/
Verderbt manch Land.

Lib.1.Poly f. 325.

Plutarchus der vortreflich Mann/
Der Obrigkeit ein Lehr zeigt an:
Daß sie soll seyn zu jeder frist/
Wie in dem Spiel ein Lautenist.
Dann wann die Säiten dissonirn/
Muß er dieselben compellirn/
Daß sie durchauß fein lieblich klingn.
Vnd damit solche nicht zerspringn:
Ist jmmer baß etwas nachlan.
Dann die Säiten hart spannen an:
Vrsach wenn sie einmal rumpirt/
Wird sie nimmer recuperirt.

Syr.4 v.8.

Drumb hör den armen williglich/
Sanfft antwort jhm vnd auch freundlich/

Prov.20. v. 28
Prov.19 v. 14.

Du hast deß gwiß sehr grossen Lohn/
Daß durch Frombkeit besteht dein Thron.

1 Reg.12. v. 17.

Rehabeam soll lehren witz/
Daß man nichts thu auß jäher hitz/

1.Cor.10. v. 16.

Die sachen vor wol ponderir/

Ex.1. v 14.

Daß ein sein Furi nicht verführt.

Psa 81. v 6.

Dann wann die Zigel sind duplirt/
So kompt Moses vnd liberirt.

Distri-

Diſtributio Strenarum ſecundum Ordines.

TUTIUS REMITTIS QUAM AMITTIS

.I. Reg. XII. N. VII.

C Hordas ſi nimium tendas, rumpantur oportet.
    Atq; ſemel ruptas non reparare potes.
Adverſus quando cives graſſere Vitelli,
    Ecce patras damnum quod revocare nequis.

Vij   Der

Der Schäflein wart/
Sey nicht zu hart.

1.Pet.5.v.2 PEtrus deß HERREN Jünger gut/
All Hirten trewlich warnen thut/
Daß sie die Herd zu jeder frist
Wäiden/die ihn befohlen ist /
Vnzwungen vnd auch williglich/
Ezech.34. Vnd ja nicht selbsten wäiden sich/
v.2. Suchen das ihre nur allein/
Phi.2.v 21 Vnd sorgen wenig für die Gmein.
Drumb der Artzt mit sein Bindzeug hier/
Den Hirten diese Lehr helt für/
1.Pet.5.v 4 Daß sie nemen die Schaf in acht/
Wie es der Ertzhirt Christus macht:
Ezech.34. Fleissig suchen was ist verirrt
v.4. Curiren was ist vulnerirt/
Der schwachen warten mit gebür/
Drumb jhnen dort wird glohnt dafür.
Mat.25.v. Da zu ihn sagen wird der Grecht/
23. Komb her du frommer trewer Knecht/
Luc.19.v. Geh ein zu deines HERREN frewd/
17. Die dir von anfang ist bereit.

TUTIUS UNGIS QUAM PUNGIS

Ezech. xxxiiii. XL iiii.

Non est pastoris pecus excoriare misellum,
    Sèd magis ut pascat nixus oves baculo.
Sic quoq̃, si Christi tibi grex commissus, eundem
    Vngas, non pungas. Pastor erit̃q̃, bonus.

D iij   Besser

Beſſer du weichſt/
Dann daß du ſtreichſt.

Iob 2. v 9. Eß Jobs Weib ſo hie abgebildt/
Die ſein Seel quelt/vnd jhn faſt ſchilt:
Zeigt an was in dem Ehſtand ſey/
Alls Creutz vnd Leyden mancherley/
Da die Ehleut der Teuffel hetzt/
Daß eines das ander verletzt
Mit worten/ſchenden vnd mit ſchmähn/
Tob. 2. v. 22 Dann da ſelten ein Hauß zu ſehn/
Da nicht der Teuffel ſich hingſellt/
Vnd offt im Jahr da Kirchweih helt.
Syr. 25. v. Kein zorn/ der liebe Syrach ſpricht/
22. Iſt über der Weiber zorn nicht/
Wenn ſie böß wird/verſtellt ſie ſich/
Vnd ſicht wie ein Sack auß ſcheußlich.
Drumb muß an ſich halten der Mann/
Als der mehr hat diſcretion/
In ſolchem fall ſich moderirn/
Prov. 19. v. Vnd je bißweil einmal cedirn/
11 Denn wer Vntugent überhört/
Wird deßwegen gliebt/globt vnd gehrt.

Heu

HEu! quam triste malum, quo nec vel tristius ullum,
   Cùm viro & uxori non benè conveniat.
Heus; mala si qua tibi patiens sis cadere noli
   Hanc. Sed (quod melius) CEDERE DISCE MALO.

Mit

Mit Gott ein weng/
Wärt in die läng.

Am.8.v.5.
Ein falsche Wag vnd Epha ring/
Das sind für Gott grewliche ding/
Die er nicht vngestrafft will lan/
Es thus gleich Jung/ Fraw oder Mann.
Recht Maß vnd Gwicht er haben will/

Lev.19.v.36
Ezech. 45.
v.10.
1.Thes.4.
v.6.
Recht Pfund vnd Eln auch jedes ziel.
Ein Christ soll nicht greiffen zu weit/
Auffrichtig handeln allezeit.
Ein kleines Gwinlein jeder frist
Offt widerholt/ ein Gwin recht ist.
Dann was man hat mit Gott vnd Ehrn/
Daſſelbig lange zeit thut wärn:
Dagegen vnrecht gwunnen Gut/
Gleich wie der Reiff zerschmeltzen thut/
Wie man hin vnd her siht im Land/
Vnd viel Exempel seyn zur Hand.
Ein gut Gwiſſen vnd kleiner Gwin/
Bringt ein Kauffmann mit Ehren hin.

Siquis

S I quis defraudet ſtudio mercator egenos,
    Fiet is hîc pauper, pauper ibiq́, ſimul.
Ergo æquo ſtudeas. Parvum tibi ſitq́, lucellum
    Sat. Sat eris dives hîc & in arce poli.

                                    ℭ   Die

Die Arbeit schwer
Jagt schand/bringt Ehr/

 Leich wie von Gott das Vögelein/
Zum fliegen ist erschaffen fein:
Also ist der Mensch hierzu breit/

Iob 5. v. 7

Ps. 128. v. 2. Daß er verrichte sein Arbeit/
Fleissig seyn in der Function/
Vnd sich der mit ernst nemen an.
Obs dir nun in der Nahrung dein/
Vnd mit dem Ackerwerck in gmein

Syr. 7. v. 15. Saur wird/laß dichs verdriessen nicht/
Ex. 20. v. 9. Gott hats so gschaffen/Syrach spricht.
Drumb was Gott hat befohlen dir/

Syr. 3 v. 22. Deß nimb dich stets an mit gebür/
Psa. 37. v. 3. Bleib im Land/nehr dich redlich drinn/
Diß ist der Christen gröster Gwinn.
Das wenig das ein Grechter hat/
Ibid. v. 16. Dasselbig gwißlich nicht vergaht.

Condi-

Condita avis terras inter cœlumĝ volare,
    Commiſſas peragat res homo progenitus.
Eſſe cupis felix, diſcas tolerare labores.
    Dum perit ignavus, gloria parta tibi eſt.

X ij   Seuffzen

Seufftzen zu Gott/
Hilfft auß der Not.

Syr. 35. v. 18
Esa. 47. v. 8

Uff einer Baar ein Weibsbild sitzt/
Die für trauren nur Thränen schwitzt:
Ein Wittwe dieselb zeiget an/
Welcher gestorben ist der Mann.
Die Turteltaub auff dürrem Zweig
Gibt jhr diß zu verstehen gleich:

Ier. 8. v. 7.

Gleich wie das Turteltäublein gut/
Ihren Gsellen betrawren thut/
Auff grünen Ast kompt nimmerm ehr:
Den Wittwen gibet diese Lehr:
Daß alle Wittwen einsam seyn/

Psa. 68. v. 6.
Ier. 43. v. 12

Vnd auff Gott hoffen nur allein/
Der ein Vatter der Wittwen ist/
Dem sie vertrawen jeder frist.
Drumb seufftz zu deinem lieben Gott/
Gwißlich hilfft er auß aller Nohßt.

N Æ viduata viro, circumdata mille periclis,
Sustinet in tristi tristia multa domo.
Perfer & obdura. Gemitus exaudiet Ipse,
Atq, malo ex omni te DEUS eripiet.

Ein riechend Hertz
Das steigt auffwerts.

Das Hertz so hie im Scherben ligt/
Der Jugent diß zu wissen fügt:
Daß sie sollen seyn weiß vnd klug/
Vnd von sich geben edlen Gruch.
Die Hand so auß der Wolck geht für/
Dieselbe diese Lehr gibt dir/
Daß Jungfraun sich der Reinigkeit/
Sollen befleissen allezeit.
Kein schöner Kleid die Jugent hat/
Welchs sie Baß zieret frü vnd spat/
Dann Zucht vnd Ehr das ziert sie wol/
Drumb sie auch jedes loben soll.
Ein Hertz mit Ehr vnd Zucht geziert/
Wird allem Reichthumb præferirt.

Cant 1. v. 13.

2.Cor.11.v. 2.
Cant. 5. v. 13

Apul. apil. 1.
Bernh. ser. 86 sup. Can tic. f.202.1.

COR ODORATUM GRATUM

Cantic. 1. V. III.

Cor quid defignat? Caftam mentem atq; pudicam,
    Quâ Iuveni nullum majus in orbe decus.
Cafta tibi fit mens; Ornat pudor ille Iuventam;
    Cafta bonis grata eft mens, Superisq́; placet.

Durch

Durch Todtes gfahr/
Zur Himmels schaar.

Bernh. hom
sup. Miss. f.
8. a.

LIt Jn schweres Joch vnd harte Noth/
Dem Weibsgeschlecht Gott auffglegt
hat:
Sinds fruchtbar/es bleibt nicht auß langst/

Ps.48.v,7. Es kömpt sie zittern an vnd angst/
Daß sie zwar in dem Leben sein/
Doch mit dem Todt vmbgeben seyn.
Sinds vnfruchtbar/diß wol betracht/
So wird es für ein Fluch geacht.

1.Pet.3.v,7 Weil aber das Weib jeder frist/
Ein MitErb auch der Gnaden ist/
So ists im Rath so decretirt/

1.Tim.2.v. Daß ein jedes Weib selig wird
15. Durch Kinder zeugen/wenn sie bleibt
Im Glauben/Christum nicht außtreibt.
Drumb liebes Weib gedulde dich/
Stirbst du denn/so stirbst seliglich.

Partu-

PERICULUM VEHICULUM

I. Tim. II. V. XV.

P*Arturiens morti vicina, laboreq́ multo*
  Circumſepta, inter ſpemq́ metumq́ gemit.
Si tibi mors adſtat: noli diffidere. CHRISTO
  Fide modo; & fies, ecce, beata fide.

R   Durchs

Durchs Todtes Pfeil
Zum Himmel eyl.

Rom. 7. v. 24.

DAß diß Leben ein Gfängnuß sey/
Darinnen trawren mancherley.

Rom. 8. v. 23.

Wird keiner seyn ders wird negirn/
Weils die Erfahrung thut probirn.

Iob 7. v. 2.

Gleich wie nun ein Taglöhner gut/
Sich nach dem schatten sehnen thut/
Wünscht daß sein Arbeit hab ein end:
Also ists auch mit vns bewend/

2. Cor. 5. v. 2.

Daß wir vns sehnen jeder frist/
Nach der Bhausung die droben ist/

Phil. 1. v. 13.

Mit Paulo willig scheiden ab/
Vnd hinfahren in vnser Grab.
Drumb wenn der Todt mit seinem Pfeil
Zu dir kommet mit schneller eyl/

Syr. 14. v. 5.

Stirb gerne/ vnd förcht nicht den Todt/
Denn also hats geordnet Gott.
Daß wer mit Christo will regirn/
Muß hie den Todt auch experirn.

Vita

PER MORTIS TELUM AD COELUM

Rom. VI. V.XXIII.

Vita quid est hominum? Carcer fædissimus, ex quo
  Vt, pius, evadat, nocte dieq́; vovet.
Telum ergò Lethi lætus non horreo, Cælum,
  Hoc scio per telum quod patesiat. Amen!

X ij   Ad

Ad Sacrosanctam, TRI-
NITATEM.

Ut tibi principium, medium, finemq́; laboris
 Debeo, debentur sic tibi laus & honor.
Quidquid enim scriptum, quod delectare, juvare,
 Vel prodesse queat, Te præeunte fuit.
Adsis porrò mihi; rege me; mea facta guberna,
 Prorsus ut incipiam Te sine duce nihil.
Sic, donec Lachesis rumpet mihi stamina vitæ
 Te, SACROSANCTA TRIAS, concelebrabo metris.

NORIMB.
II. KL. Decemb. 1625.

CHR. HŒFLICHIUS.

Lightning Source UK Ltd.
Milton Keynes UK
UKHW02f2009040518
322147UK00009B/537/P